PRÉCIS
DES
GUERRES DU MARÉCHAL DE TURENNE[1].

CHAPITRE PREMIER.
CAMPAGNE DE 1644.

I. Le vicomte de Turenne est fait maréchal de France en 1643. — II. Il commande en Alsace l'armée weimarienne; ses opérations. — III. Le prince de Condé prend le commandement; bataille de Fribourg (3 août); siége de Philippsburg. — IV. Observations.

I. Le vicomte de Turenne est né à Sedan en 1611. Son père, prince souverain de Sedan, le laissa en bas âge sous la tutelle de sa mère, sœur du prince d'Orange. Le duc de Bouillon, l'un des principaux chefs de la Fronde, était son frère aîné. Turenne fit ses premières armes dans l'armée hollandaise, sous le prince d'Orange, son oncle; il fut volontaire et porta le mousquet. Capitaine en 1626, il servit dans ce grade pendant quatre campagnes contre Spinola, et se distingua au siége de Bois-le-Duc, en 1629.

En 1630, sa mère l'envoya à Paris; il entra au service de France en qualité de colonel d'infanterie; il se fit remarquer au siége de la Motte, en Lorraine. Le cardinal de Richelieu le nomma maréchal de camp, alors qu'il n'était encore âgé que de vingt-trois ans. Il fit en cette qualité la campagne d'Allemagne, sous le cardinal de la Valette, en 1636; il y donna des preuves de talent dans la retraite du Palatinat. L'année suivante, il assiégea et prit Saverne. En 1637, il servit en Flandre, attaqua et prit le château de Solre-sur-Sambre, ce qui lui valut le grade de lieutenant général.

Il servit en cette qualité au siége de Brisach, sous les ordres du duc

[1] Ce *Précis* est reproduit d'après les *Mémoires pour servir à l'histoire de France sous le règne de Napoléon Ier*, édition de 1830. Nous n'avons pas le manuscrit original.

de Weimar; ce siége dura huit mois, pendant lesquels on livra trois batailles et trois combats contre l'armée autrichienne et celle du duc de Lorraine. Turenne se distingua à ce siége.

En 1639, le cardinal de Richelieu l'envoya en Piémont, où il servit sous le comte de Harcourt, commanda au combat de *la Route de Quiers*[1], et fut blessé au siége de Turin, en 1640. Ce siége a offert un spectacle extraordinaire : la citadelle, qu'occupaient les Français, était assiégée par le prince Thomas de Savoie, maître de la ville, pendant que lui-même était assiégé par l'armée française, qu'assiégeait à son tour, dans ses lignes de circonvallation, l'armée espagnole, commandée par le marquis de Leganes. Le 2 juillet, le prince Thomas capitula, les Français entrèrent dans la ville. En 1643, Turenne assiégea et prit Trino, sur le Pô. La régente Anne d'Autriche lui envoya, à cette occasion, le bâton de maréchal de France : il était alors âgé de trente-deux ans. Il avait été quatre ans capitaine, quatre ans colonel, trois ans maréchal de camp, cinq ans lieutenant général. Il avait servi sous quatre généraux : le prince d'Orange, son oncle, auquel il disait devoir ses préceptes pour bien choisir un camp et bien attaquer une place; le duc de Weimar : il disait de lui qu'il faisait toute chose de rien; le cardinal de la Valette, de qui il avait appris à renoncer aux fausses délicatesses de la cour et de la galanterie pour prendre le ton des camps; enfin le comte de Harcourt, duquel il apprit que la diligence et l'activité sont les plus grands moyens de réussite dans les affaires de guerre.

II. Le maréchal de Guébriant commanda les troupes weimariennes après la mort du duc de Weimar. Il assiégea et prit Rottweil, en Souabe, mais y fut tué. M. de Rantzau, qui lui succéda dans le commandement de cette armée, marcha sur Tuttlingen, y fut battu et fait prisonnier. Toute l'infanterie allemande au service de France se dispersa; la cavalerie fit sa retraite sur le Rhin. Le cardinal Mazarin confia à Turenne le commandement sur cette frontière, et le chargea de réorganiser l'armée

---

[1] Ce combat eut lieu le 20 novembre 1639, près du hameau de la Rota, sur la Santena, à deux lieues S.-S.-O. de Chieri (Quiers).

weimarienne; il arriva en décembre 1643 à Colmar. L'Alsace était ruinée; il établit ses cantonnements derrière les Vosges, dans la Lorraine, s'emparant des petites places de Vesoul et de Luxeuil, et parvint à rétablir l'armée weimarienne pendant l'hiver. Au printemps de 1644, elle était de 9,000 hommes sous les armes, dont 5,000 de cavalerie. Il marcha alors sur le Rhin, occupa Vieux-Brisach et Fribourg, où il mit 600 hommes de garnison. Instruit que le baron de Mercy était avec 2,000 hommes aux sources du Danube, il passa les montagnes Noires, l'attaqua, le battit et lui prit 400 hommes. Le baron se retira dans le camp de son frère, le comte de Mercy. Après ce coup de main, Turenne revint sur la rive gauche du Rhin. Mercy mit le siége devant Fribourg avec 15,000 hommes. Turenne passa le Rhin à Brisach avec 10,000 hommes et vingt canons, pour secourir cette place importante. Depuis huit jours que Mercy l'avait investie, il n'avait construit aucune ligne. Le vicomte fit marcher une brigade pour se saisir du sommet de la montagne Noire; mais une grand'-garde de vingt grenadiers bavarois, s'en étant aperçue, grimpa sur le sommet, imposa à la brigade française, qui abandonna l'attaque en désordre. Cet événement honteux et les bonnes dispositions que fit Mercy empêchèrent tout secours. La ville capitula le 18 juillet, en présence du maréchal, qui était campé à une lieue et demie.

III. La cour envoya le prince de Condé avec un renfort de 10,000 hommes, dont moitié de cavalerie, dite *armée de France*, commandée par le maréchal de Gramont. Il passa le Rhin à Brisach, joignit le camp de Turenne, et prit le commandement des deux armées, fortes de 20,000 hommes. Le comte de Mercy occupait une forte position retranchée sur les hauteurs de Fribourg; Condé, que rien ne pouvait arrêter, l'attaqua de front, le 3 août, à cinq heures après midi, avec l'armée de France, dans le temps que Turenne, qui s'était mis en marche à la pointe du jour par la vallée, débouchait par un ravin sur le flanc de l'ennemi. Le combat fut chaud sur tous les points; les positions de l'ennemi étaient fortes et bien défendues. Le prince de Condé mit pied à terre et s'élança le premier dans les retranchements : à la nuit il était maître des hauteurs, il y établit ses bivouacs. Turenne, de son côté, se battit toute la nuit ; à la pointe du jour les deux armées se réunirent dans la plaine. Mercy avait fait sa retraite et pris une nouvelle position, la droite appuyée à Fribourg, formée de cavalerie en plaine, la gauche sur la montagne Noire. Le 4 les troupes françaises se reposèrent; le général bavarois employa cette journée à se retrancher. Le 5 les deux généraux français reconnurent la position de l'ennemi. Espenan, qui commandait l'infanterie de Condé, engagea le combat sans ordres; le résultat en fut fâcheux : l'armée française et weimarienne fut repoussée avec perte. Le prince changea alors l'attaque, se porta dans la plaine pour aborder la droite de l'ennemi; la cavalerie bavaroise mit pied à terre et combattit comme la plus vaillante infanterie; elle repoussa toutes les attaques des Français, qui perdirent 3,000 hommes. Les armées restèrent en présence jusqu'au 9, que le prince de Condé prit le parti de manœuvrer. Il se porta sur Langen-Denzlingen et le Val-de-Glotterthal, menaçant de couper le Val-de-Saint-Pierre. Aussitôt que Mercy s'en aperçut, il leva son camp et se porta au delà des montagnes Noires, dans le pays de Wurtemberg. La perte des deux armées fut également considérable : les Bavarois perdirent 8,000 hommes, les Français et Weimariens 9,000 hommes, un homme sur deux.

L'armée bavaroise était hors d'état de rien entreprendre; le prince de Condé, sans consulter le mauvais état de son armée, se porta sur le bas Rhin, négligeant Fribourg, investit Philippsburg, fit descendre de Brisach un équipage de siége; la ville de Strasbourg lui accorda le passage. Il forma en quatre jours ses lignes de circonvallation autour de Philippsburg, jeta un pont, s'empara, pendant ce siége, de Germersheim et de Spire. La tranchée fut ouverte par deux attaques, l'une commandée par Turenne, l'autre par le maréchal de Gramont : Philippsburg capitula le 12 septembre. Le prince de Condé, menacé par une armée fraîche qu'amenait le comte de Mercy, repassa le Rhin, conservant Philippsburg par une bonne garnison. Il fit prendre Landau, ainsi que Worms, Mayence, Oppenheim, et occuper tout le pays entre Rhin et Moselle par Turenne; après quoi il rentra en France avec l'armée du duc de Gramont, laissant Turenne sur le Rhin, renforcé de quelques régiments. Aussitôt que Mercy en fut instruit, il marcha sur Manheim et s'en empara en menaçant de passer le Rhin; le duc de Lorraine passa la Moselle et entra dans le Hundsrück, faisant mine de se réunir à l'armée bavaroise. Turenne manœuvra pour s'opposer à leur jonction : il y réussit et s'empara de Kreuznach. Les armées entrèrent en quartiers d'hiver.

IV. *Première observation*. — Le maréchal aurait dû camper sous Fribourg, ce qui eût empêché Mercy d'en faire le siége. Avec une armée aussi considérable, quoique inférieure à celle de Mercy, il pouvait faire plus qu'il n'a fait pour la défense de cette place; il devait au moins prendre une position pour intercepter les convois de l'ennemi.

Deuxième observation. — Le prince de Condé a violé un des principes de la guerre de montagnes : ne jamais attaquer les troupes qui occupent de bonnes positions dans les montagnes, mais les débusquer en occupant des camps sur leurs flancs ou leurs derrières. S'il eût pris une position dominant le Val-de-Saint-Pierre, Mercy eût été dès lors obligé de prendre l'offensive, ce qu'il ne pouvait faire avec une armée inférieure; d'ailleurs cela rentrait dans les principes de la guerre de montagnes. Il eût donc été obligé de passer les montagnes Noires pour regagner le Wurtemberg, et d'abandonner la place de Fribourg, qui eût été livrée à elle-même. L'armée française a réussi le premier jour par des efforts inouïs de courage à forcer les premières positions; mais elle a échoué le surlendemain, parce que, dans les montagnes, après une position perdue, l'on en trouve une autre tout aussi forte pour arrêter l'ennemi. Le prince de Condé, voulant attaquer, devait attaquer le 4, dans l'espérance que Mercy n'aurait pas eu le temps d'assurer sa nouvelle position.

Troisième observation. — La conduite de Turenne, après le départ du prince de Condé, est habile; il est vrai qu'il fut merveilleusement secondé par les localités. Les armées de Bavière et de Lorraine étaient séparées par le Rhin et des montagnes; leur jonction était difficile.

CHAPITRE II.
CAMPAGNE DE 1645.

I. Opérations de Turenne pendant mars, avril et mai; bataille de Marienthal ou de Mergentheim (2 mai). — II. Bataille de Nœrdlingen (4 août). — III. Marches après la bataille de Nœrdlingen, pendant l'arrière-saison. — IV. Observations.

I. Turenne hiverna à Spire. Au printemps, son armée était de 12,000 hommes, dont 5,000 de cavalerie et quinze pièces de canon. Le comte de Mercy s'était affaibli d'un détachement de 4,000 hommes qu'il avait fait en Bavière; Turenne en profita pour passer le Rhin. Il entra dans Stuttgart, passa le Neckar, se porta sur la Tauber, s'empara de Rothenburg, et s'établit à Mergentheim, petite ville située sur la rive gauche de cette rivière. L'armée bavaroise ne tint nulle part devant lui; il se trouva maître de toute la Franconie. Ses coureurs levèrent des contributions sous les murs de Würzburg et de Nuremberg. L'armée de Mercy se trouvant éloignée de deux marches, il jugea convenable de mettre ses troupes en quartiers de rafraîchissement; mais, ayant conçu quelques inquiétudes, il resserra ses quartiers à trois lieues autour de Mergentheim. Le 2 mai, à la pointe du jour, il apprit que Mercy arrivait sur lui avec toutes ses forces. Il fit partir aussitôt le major général suédois Rosen du quartier général pour Herbsthausen, qu'il donna pour point de rassemblement à ses quartiers; ce village est situé à deux lieues en avant de Mergentheim sur la route de Feuchtwang, par où venait l'ennemi. Il se porta lui-même au point de rassemblement; il y trouva 3,000 hommes de son infanterie déjà réunis et une partie de sa cavalerie. Au même moment, il aperçut l'armée bavaroise qui débouchait d'un bois à un quart de lieue de là. Il n'eut que le temps de ranger sa petite armée en bataille, fit occuper un bois sur sa droite par son infanterie, qu'il plaça sur une seule ligne. Il se mit lui-même à la tête de la gauche, qu'il forma de sa cavalerie, également sur une seule ligne. Mercy se déploya, mit son infanterie au centre, donna sa gauche à Jean de Weerdt, garda pour lui sa droite, formée de cavalerie comme l'aile gauche de l'armée française, couvrit le bois qu'occupait l'infanterie française et qui empêchait la cavalerie de la gauche de s'avancer. Mercy se mit à la tête de l'infanterie de son centre et attaqua ce bois. Turenne comprit toute la conséquence de ce mouvement; il partit, chargea la cavalerie de la droite bavaroise, la rompit, s'empara de son canon et de douze étendards; mais son infanterie, effrayée du grand nombre de bataillons qui marchaient à elle, lâcha pied sans presque rendre le combat. La cavalerie de Jean de Weerdt traversa alors le bois, prit en flanc la cavalerie française, qui s'éparpilla : Turenne lui-même eut peine à se sauver; mais, après avoir traversé un bois qui se trouvait derrière sa ligne de bataille, il rencontra heureusement quelques-uns de ses escadrons qui venaient d'arriver; il rallia sur cette réserve sa petite armée et fit bonne contenance. Il ordonna à son infanterie de faire sa retraite sur Philippsburg, et, avec tout ce qu'il put rallier de sa cavalerie, il se dirigea sur la Hesse. Il perdit à cette bataille de Marienthal ou de Mergentheim 1,500 hommes de cavalerie, les cinq sixièmes de son infanterie et tous ses canons.

Arrivé dans la Hesse, le landgrave, pour couvrir ses états, le renforça de son armée, qu'il mit sous son commandement; quelques jours après, le comte Kœnigsmark le joignit avec l'armée suédoise; huit jours après sa défaite, Turenne se trouva ainsi à la tête d'une nouvelle armée de 15,000 hommes, et était en état de rejeter Mercy en Franconie, lorsqu'il reçut les ordres de la cour de ne rien entreprendre : le prince de Condé était en marche avec 8,000 hommes pour prendre le commandement de l'armée.

II. Le prince arriva à Spire sur le Rhin; Turenne repassa le Main et le joignit dans cette ville le 2 juillet. De son côté, Mercy avait été renforcé d'une division autrichienne commandée par le général Gleen; mais l'armée française se trouvait encore beaucoup plus forte. Le prince de Condé passa le Neckar, s'empara de Heilbronn et de Wimpfen. Mercy se retira en toute hâte en Franconie. Après le passage du Neckar, le général suédois, croyant avoir à se plaindre de la hauteur du prince, quitta l'armée avec ses troupes. Ce contre-temps ne l'arrêta pas; il passa la Tauber et marcha sur Nœrdlingen. Le 2 août, les deux armées se côtoyèrent plusieurs heures dans la nuit, à portée de canon, sans s'être aperçues; mais, au soleil levant, elles se reconnurent et se canonnèrent toute la journée sans s'aborder. Dans la nuit du 3 au 4, le prince de Condé se mit en marche pour se porter sur Nœrdlingen, place fortifiée gardée par les bourgeois. Il apprit que Mercy, par une marche habile, l'avait prévenu, qu'il occupait une forte position en arrière de cette ville, la protégeant et couvrant Donauwœrth. Il reconnut que sa droite, composée d'Autrichiens, occupait le Winne Berg et s'appuyait à la Wœrnitz; que son centre, qui était son corps de bataille, était à 100 toises en arrière d'Allerheim, qu'il occupait, et dont il avait crénelé le clocher et le cimetière; que sa gauche, commandée par Jean de Weerdt, occupait la colline et le château d'Allerheim, et s'appuyait à l'Eger, ruisseau encaissé; que déjà Mercy, suivant l'usage, quoique à peine arrivé, commençait à se retrancher. Le prince plaça son armée en bataille : la gauche à la Wœrnitz, formée par seize escadrons et six bataillons hessois commandés par Turenne; son centre en face d'Allerheim, sous le comte de Marcin, et sa gauche, composée de dix escadrons et quatre bataillons, sous le maréchal de Gramont, appuyant à l'Eger, et ayant en deuxième ligne une réserve de six escadrons et de quatre bataillons, sous les ordres du chevalier de Chabot. Son armée était forte de 17,000 hommes, l'armée bavaroise de 14,000; le nombre des canons était à peu près le même des deux côtés. A trois heures après midi, Condé, malgré la bonne position qu'occupait l'ennemi, ordonna au comte de Marcin, avec l'infanterie, de se porter au village d'Allerheim. L'infanterie bavaroise y soutint un combat terrible; toute l'infanterie du prince de Condé y fut successivement engagée. Il ne réussit pas. En vain se précipita-t-il au fort de la mêlée, son habit fut criblé de balles; le comte de Marcin fut grièvement blessé; toute l'infanterie française fut tuée, blessée ou dispersée, mais Mercy fut frappé à mort par un coup de mousquet. Jean de Weerdt, qui commandait la gauche, se trouvait opposé au duc de Gramont : la cavalerie française se battit mal; elle fut enfoncée; le maréchal fut fait prisonnier. La réserve du chevalier de Chabot ne tint pas davantage; Jean de Weerdt la culbuta; plusieurs de ses escadrons entrèrent dans le camp des bagages et y mirent le désordre. La bataille paraissait perdue sans ressources. Le prince, désespéré, n'ayant plus ni centre ni droite, se porta à sa gauche, où était Turenne : tous deux marchèrent sur l'aile droite de l'ennemi, où commandait le général autrichien Gleen, l'enfoncèrent, firent ce général prisonnier, et s'emparèrent de la batterie du Winne Berg et de toute la position. Turenne s'approcha, par un changement de front la gauche en avant, de la batterie du centre, et se trouva toucher par la droite à Allerheim, toujours occupé en force par l'infanterie bavaroise. Jean de Weerdt, instruit de ce qui se passait, rétrograda pour arrêter Turenne, mais il fit la faute de rétrograder par son même terrain et en reprenant d'abord sa position, puis fit un changement de front la droite en arrière, et marcha contre Turenne. La victoire était encore aux Bavarois, lorsque, à la nuit, l'infanterie qui occupait le village d'Allerheim, ayant eu connaissance de la mort de son général en chef, le comte de Mercy, se croyant cernée par Turenne, et ignorant la position qu'avait reprise Jean de Weerdt, eut la simplicité de capituler. Cette résolution inattendue donna la victoire aux Français. Le vaincu se trouva vainqueur. Jean de Weerdt, le seul général qui restât à l'armée ennemie, voyant que sa gauche et son centre avaient disparu, fit sa retraite sur Donauwœrth, où il passa le Danube, abandonnant toute son artillerie, hormis quatre canons. Turenne le suivit jusqu'au fleuve. A quelques jours de là, le général Gleen fut échangé contre le maréchal de Gramont. Le lendemain de la bataille, Nœrdlingen capitula. L'armée prit huit jours de repos pour réparer ses pertes.

III. Le prince, étant tombé malade, quitta l'armée et se rendit à Philippsburg; Turenne et Gramont la commandèrent, et la ramenèrent en Souabe camper à Hall. Cependant l'archiduc Léopold était parti de Hongrie avec 5,000 chevaux; il avait passé le Danube et joint Jean de Weerdt.

Depuis la bataille de Nœrdlingen, l'armée française n'avait reçu aucun renfort; elle avait perdu beaucoup plus que l'ennemi. Turenne, instruit de la jonction de l'archiduc, repassa le Neckar à la nage, chaque cavalier ayant un fantassin en croupe, et se porta sur Philippsburg; mais il fut vivement suivi par l'archiduc, et, comme il n'avait pas de pont pour repasser le Rhin, il se plaça entre cette place et le fleuve, et se retrancha. Lorsque le pont fut fait, les bagages de l'armée du maréchal de Gramont repassèrent sur la rive gauche. Turenne, avec l'armée weimarienne, resta dans son camp. L'archiduc reprit Nœrdlingen et successivement toutes les places qu'avaient prises les Français; il ne leur resta plus en Allemagne un seul pouce de terre. Quelques semaines après, il se porta en Bohême, où l'appelaient les affaires intérieures de ce royaume. Turenne passa alors le Rhin tranquillement, et, quoique ce fût en novembre, il fit une marche de quarante lieues, s'empara de Trèves, et y réinstalla l'électeur, qui en était chassé depuis douze ans. Il construisit un réduit sur le pont de Trèves, y laissa 500 hommes et entra dans ses quartiers d'hiver. Ce ne fut qu'en février qu'il se rendit à la cour.

IV. *Quatrième observation.* — Turenne ayant resserré ses cantonnements à trois lieues autour de son quartier général, sa position était sans dangers; ce n'est donc pas à cela qu'il faut attribuer la perte de la bataille de Marienthal. Il n'était pas nécessaire sans doute d'entrer en quartiers de rafraîchissement dans un pays aussi riche et où il était si facile de réunir de grands magasins. Mais sa véritable faute fut le point de ralliement qu'il donna à son armée; ce n'était pas Herbsthausen qu'il devait désigner, puisque ce village était placé aux avant-postes par où l'ennemi venait, mais Mergentheim, derrière la Tauber. Là l'armée eût été réunie quatre heures plus tôt; Mercy y eût trouvé l'armée française couverte par la rivière et en position. C'est un des principes les plus importants de la guerre, que l'on viole rarement impunément : rassembler ses cantonnements sur le point le plus éloigné et à l'abri de l'ennemi.

Cinquième observation. — 1° Le prince de Condé eut tort d'attaquer, à Nœrdlingen, Mercy dans son camp, avec une armée presque en totalité composée de cavalerie et ayant si peu d'artillerie; l'attaque du village d'Allerheim était une grande affaire. Si l'armée de Condé était supérieure en cavalerie, les deux armées étaient égales en infanterie, et les ailes de Mercy étaient fortement appuyées. Il n'est pas extraordinaire que, sans obusiers et ayant si peu d'artillerie, Condé ait échoué dans toutes ses attaques contre Allerheim, soutenu à 100 toises par la ligne de bataille, et dont les maisons étaient crénelées, ainsi que l'église et le cimetière, et défendu par une infanterie supérieure, non-seulement en nombre, mais en qualité. Sans la mort de Mercy, le champ de bataille serait resté aux Bavarois, et la retraite de l'armée du prince de Condé, au travers des Alpes wurtembergeoises, lui eût été bien funeste.

2° Malgré la mort de Mercy, la victoire eût encore été aux Bavarois, si Jean de Weerdt, revenant de la poursuite de l'aile droite française, se fût porté contre Turenne, non en reprenant d'abord sa première position et parcourant ainsi les deux côtés du triangle, mais en traversant diagonalement la plaine, laissant Allerheim à sa droite, et tombant sur les derrières de la cavalerie weimarienne, qui alors était encore aux prises avec la troupe autrichienne de Gleen; il eût réussi; il manqua d'audace. Le crochet qu'il fit ne retarda son mouvement que d'une demi-heure; mais tel est le sort des batailles, qu'elles dépendent souvent du plus petit accident.

3° Malgré la mort du comte de Mercy et le défaut de circonspection de Jean de Weerdt, la victoire restait encore aux Bavarois, si l'infanterie, postée et victorieuse au village d'Allerheim, n'eût pas capitulé. La capitulation qu'elle accepta ou proposa est une nouvelle preuve qu'un corps de troupes en ligne ne doit jamais capituler pendant les batailles. Le sort de cette bataille a tenu au faux principe qu'ont en général les troupes allemandes, qu'une fois cernées elles peuvent capituler, s'assimilant mal à propos à la garnison d'une forteresse. Si le code militaire de Bavière eût défendu une pareille conduite comme déshonorante, elle n'eût pas eu lieu, et la victoire eût été aux Bavarois.

Aucun souverain, aucun peuple, aucun général, ne peut avoir de garantie, s'il tolère que les officiers capitulent en plaine et posent les armes par le résultat d'un contrat favorable aux individus des corps qui le contractent, mais contraire à l'armée. Cette conduite doit être proscrite, déclarée infâme, et passible de la peine de mort. Les généraux, les officiers, doivent être décimés, un sur dix; les sous-officiers, un sur cinquante; les soldats, un sur mille. Celui ou ceux qui commandent de rendre les armes à l'ennemi, ceux qui obéissent, sont également traîtres et dignes de la peine capitale.

4° Condé a mérité la victoire par cette opiniâtreté, cette rare intrépidité qui le distinguait, car, si elle ne lui a servi de rien dans l'attaque d'Allerheim, c'est elle qui lui a conseillé, après avoir perdu son centre et sa droite, de recommencer le combat avec sa gauche, la seule troupe qui lui restât; car c'est lui qui a dirigé tous les mouvements de cette aile, et c'est à lui que la gloire doit en rester.

Des observateurs d'un esprit ordinaire diront qu'il eût dû se servir de l'aile qui était encore intacte pour opérer sa retraite et ne pas hasarder son reste; mais, avec de tels principes, un général est certain de manquer toutes les occasions de succès et d'être constamment battu. C'est ainsi qu'ont raisonné le comte de Clermont à Crefeld, le maréchal de Contades à Minden, le prince de Soubise à Wilhelmsthal. La gloire et l'honneur des armes est le premier devoir qu'un général qui livre bataille doit considérer; le salut et la conservation des hommes n'est que secondaire. Mais c'est aussi dans cette audace, dans cette opiniâtreté, que se trouvent le salut et la conservation des hommes; car, quand bien même le prince de Condé se fût mis en retraite avec le corps de Turenne, avant d'arriver au Rhin, il eût presque tout perdu. C'est ainsi que le maréchal de Contades, après Minden, perdit dans sa retraite non-seulement l'honneur des armes, mais plus de monde qu'il n'en eût perdu dans deux batailles. La conduite de Condé est donc à imiter; elle est conforme à l'esprit, aux règles et aux mœurs des guerriers. S'il eut tort de livrer bataille dans la position qu'occupait Mercy, il fit bien de ne jamais désespérer tant qu'il lui restait des braves aux drapeaux. Par cette conduite, il obtint et mérita d'obtenir la victoire.

Sixième observation. — Turenne, avec son armée, fut acculé sous Philippsburg par une armée fort nombreuse; il ne trouva pas de pont sur le Rhin, mais il profita du terrain entre le fleuve et la place pour y établir son camp. Ce doit être une leçon pour les ingénieurs, non-seulement pour la construction des places fortes, mais aussi pour la construction des têtes de pont; ils doivent laisser un espace entre la place et la rivière, de manière que, sans entrer dans la place, ce qui compromettrait sa sûreté, une armée puisse se ranger et se rallier entre la place et le pont. C'est ce qui existe à Wittenberg sur l'Elbe, ce que les ingénieurs ont négligé à Torgau, ce qui n'existe pas à Kastel, vis-à-vis Mayence. Une armée qui se retire sur Mayence, étant poursuivie, est nécessairement compromise, puisqu'il lui faut plusieurs jours pour passer le pont, et que l'enceinte de Kastel est trop petite pour qu'elle puisse y rester sans l'encombrer. Il eût fallu laisser 200 toises entre la place et le Rhin; l'on doit avoir ce soin dans toute construction de tête de pont devant les rivières de cette importance. A Praga, sur la Vistule, dans la guerre de 1806, on n'eut point égard à ce principe; on eut tort, quoiqu'on eût établi de fortes redoutes en avant, formant un grand camp retranché. Dans la même campagne, les têtes de pont que les ingénieurs construisirent en avant de Marienwerder étaient contiguës à la Vistule, et elles eussent été d'une faible ressource à l'armée, si elle eût été contrainte de repasser ce fleuve dans une retraite. Les têtes de pont, telles qu'elles sont prescrites et enseignées dans les écoles, ne sont bonnes que devant de petites rivières où le défilé n'est pas long.

CHAPITRE III.

CAMPAGNE DE 1646.

I. Marche de Turenne, de Mayence à Giessen, pour joindre l'armée suédoise; belle manœuvre pour déposter l'archiduc de son camp près Memmingen. — II. Observation.

I. Au mois d'avril, Turenne réunit son armée à Mayence, se disposant à passer le Rhin pour joindre dans la Hesse l'armée suédoise, commandée par le général Wrangel; mais le cardinal Mazarin lui envoya l'ordre de rester sur la rive gauche, parce que le duc de Bavière avait promis de ne point réunir son armée à celle de l'Empereur, si les Français ne passaient pas le Rhin. Ce prince ne tint pas compte de sa parole; il joignit son armée à celle des impériaux : réunies, elles se portèrent sur l'armée suédoise et celle de Turenne, qui ne put plus joindre les Suédois par la route directe. Indigné de la mauvaise foi du duc de Bavière, il partit de Mayence, descendit le Rhin jusqu'à Wesel, où il le passa, et joignit, le 10 août, l'armée de Wrangel à Giessen sur la Lahn. A son approche, l'ennemi se retira au camp de Friedberg; mais, sans rien changer à son plan, Turenne marcha par Aschaffenburg, avec 40,000 hommes, dont 10,000 chevaux et soixante canons, sur Donauwœrth, où il passa le Danube. Il se porta sur le Lech, le passa le 22 septembre, et cerna Augsburg : les Suédois investirent Rain. Cependant, ne voulant pas conduire deux siéges à la fois, il joignit ses efforts à ceux du général Wrangel pour accélérer la chute de Rain, qui capitula après quinze jours de tranchée ouverte. Il revint alors sur Augsburg, mais, pendant ce temps, 1,500 Bavarois s'étaient jetés dans cette place. L'archiduc, qui avait quitté son camp de Friedberg, s'était porté, par Fulda, Schweinfurt, Bamberg, Nuremberg et Straubing, sur le Lech. Turenne renonça à l'espoir de prendre cette ville importante et se porta à Lauingen sur le Danube. L'archiduc campa entre Landsberg et Memmingen.

On était au commencement de novembre. Turenne résolut de l'attaquer; mais, ayant reconnu que son camp était trop fortement posté, il marcha sur Landsberg, se saisit hardiment du pont du Lech, dépôt où étaient les magasins de l'archiduc, ce qui obligea ce prince à évacuer son excellente position, à repasser le Lech en toute hâte et à rentrer en Autriche pour y prendre ses quartiers d'hiver. L'armée bavaroise hiverna en Bavière.

II. *Septième observation.* — 1° La marche de Turenne le long de la rive gauche du Rhin, pendant quatre-vingts lieues, pour remonter par la rive droite, sans ordre de la cour et de son propre mouvement, est digne de lui.

2° Sa marche sur le Danube et le Lech, pour porter la guerre en Bavière, profitant ainsi des fausses marches de l'archiduc, est pleine d'audace et de sagesse.

3° Il fit une faute en s'amusant à assiéger Rain, au lieu de se saisir de suite d'Augsburg, qui alors n'avait pas de garnison; les bourgeois se préparaient à lui remettre les clefs. Il était toujours temps de prendre Rain, et même il pouvait se passer de cette place; il eut tort de céder aux sollicitations du général Wrangel, ce qui permit à 1,500 Bavarois de se jeter dans Augsburg, et à l'archiduc d'y arriver avec son armée.

4° Les manœuvres pour déposter l'archiduc de son camp entre Memmingen et Landsberg sont pleines d'audace, de sagesse et de génie; elles sont fécondes en grands résultats. Les militaires les doivent étudier.

CHAPITRE IV.
CAMPAGNE DE 1647.

I. Convention entre la France et la Bavière; l'armée de Turenne repasse le Rhin; révolte des troupes weimariennes. — II. Observation.

I. Le 14 mars 1647, la régente et le duc de Bavière signèrent une convention par laquelle le prince s'engagea à rester neutre, à ne fournir aucun secours à l'empereur, à laisser entre les mains des Français les places fortes d'Ulm, Lauingen, Gundelfingen, Hœchstædt et Donauwœrth. Ces places de sûreté parurent nécessaires pour avoir une garantie contre les changements de dispositions de la cour de Munich. Abandonnée par les Bavarois, l'armée impériale ne fut plus que de 11,000 hommes, dont 6,000 chevaux. L'armée française, weimarienne et suédoise, était de 34,000 hommes, dont 10,000 de cavalerie.

Turenne reçut l'ordre de se porter en Flandre avec son armée. La cour de Saint-Germain avait en cela deux buts : se renforcer en Flandre, où elle s'était affaiblie d'un fort détachement envoyé en Catalogne, où devait, cette campagne, commander le prince de Condé; empêcher que le parti protestant ne dominât outre mesure en Allemagne et n'y détruisit entièrement le parti catholique. Le Saint-Siége s'était employé avec activité; il avait mis en jeu tous les ressorts secrets de sa politique. Turenne, qui était campé, représenta inutilement tous les inconvénients attachés à un pareil mouvement : 1° si la France profitait de la supériorité qu'elle avait en Allemagne, elle contraindrait promptement la Maison d'Autriche à la paix, et toute l'influence que perdrait le parti catholique, par l'affaiblissement de cette Maison, serait gagnée par la France, qui demeurerait toujours maîtresse d'arrêter le progrès des protestants; 2° les troupes weimariennes, composées d'Allemands, et auxquelles il était dû six mois de solde, passeraient difficilement le Rhin; on risquait de voir se désorganiser cette petite armée, à laquelle on devait les succès de Nœrdlingen, et qui était si précieuse par son courage et son inclination militaire. Mais, dans les premiers jours de mai, Anne d'Autriche réitéra ses ordres par une lettre de sa main : il fallut obéir.

L'armée repassa le Rhin à Philippsburg et arriva le 6 juin à Saverne; c'était la dernière étape de l'Allemagne. Les officiers des troupes weimariennes se réunirent et se présentèrent chez le maréchal pour lui demander leur solde. Il lui était impossible de les satisfaire; cependant ils ne voulurent entendre à aucune promesse, levèrent leur camp et repassèrent le Rhin; il les suivit avec 5,000 hommes, les atteignit au passage du Rhin, et délibéra s'il les chargerait. Il préféra les moyens de douceur, leur laissa effectuer leur passage, et, passant lui-même sur la rive droite avec peu de monde, il se rendit au logement du comte de Rosen, leur chef, se logea chez lui et continua ses fonctions de général en chef comme si de rien n'était. Les révoltés résolurent de descendre la rive droite; ils nommèrent des députés de leur confiance pour diriger leurs mouvements. Arrivé à Ettlingen, dans le pays de Bade, Turenne fit venir dans la nuit 100 hommes de Philippsburg, fit garrotter Rosen et l'envoya à Philippsburg. Les révoltés se divisèrent en deux partis : presque tous les officiers et sous-officiers et deux régiments entiers se déclarèrent pour Turenne; les autres, au nombre de 1,500, élurent des officiers, traversèrent le Neckar et se dirigèrent sur la Tauber. Il les suivit, les atteignit à Kœnigshofen, les chargea, en tua 300, en prit 300; leurs débris se retirèrent sur le Main; un grand nombre s'enrôlèrent dans l'armée suédoise. Cette expédition terminée, il repassa le Rhin et se porta en toute hâte dans le pays de Luxembourg, où il arriva au commencement de septembre. Il reçut l'ordre de s'arrêter; ce qui décida l'archiduc à faire un détachement de son armée de Flandre pour garder le Luxembourg.

Le duc de Bavière viola sa parole : il joignit son armée à l'armée impériale, qui alors fut supérieure à l'armée suédoise, battit celle-ci, la chassa au delà du Weser, arriva sur le Rhin et assiégea Worms. Turenne reçut l'ordre de manœuvrer contre lui, dans les premiers jours de décembre; il fit lever le siége de Worms et écrivit au duc de Bavière que, nonobstant la convention d'Ulm, il allait le traiter en ennemi.

II. *Huitième observation.* — Les armées françaises ont toujours été jouées par ces petits princes du corps germanique. Il aurait été plus utile à la France que l'Allemagne, outre l'Autriche et la Prusse, eût été partagée en trois autres monarchies assez puissantes pour défendre leur territoire, faire respecter la neutralité et contenir l'ambition de l'Autriche, de la Prusse et de la France même; car cette puissance, que nous supposons bornée par le Rhin et les Alpes, ne peut avoir des intérêts à démêler qu'en Italie. Si la péninsule était monarchique, le bonheur de l'Europe voudrait qu'elle formât une seule monarchie, qui tiendrait l'équilibre entre l'Autriche et la France, et, sur mer, entre la France et l'Angleterre. L'Europe ne sera tranquille que lorsque les choses seront ainsi : les limites naturelles.

CHAPITRE V.

CAMPAGNE DE 1648.

I. Invasion de la Bavière; combat de Zusmarshausen (16 mai); traité de paix signé à Münster, dit *traité de Westphalie* (24 octobre). — II. Observation.

I. Le 23 février 1648, Turenne passa le Rhin à Oppenheim pour se joindre à l'armée suédoise; il avait 8,000 hommes, dont 4,000 de cavalerie et 20 canons, indépendamment des garnisons des places fortes du Danube, du Neckar et du Rhin. L'armée impériale craignit de se trouver entre deux feux; elle évacua toute la Hesse et se retira sous le canon d'Ingolstadt. Après avoir opéré cette jonction à Gelnhausen, près Hanau, le 23 mars, il se porta sur la Regnitz. Les généraux suédois voulaient entrer en Bohême, il s'y refusa. Après quelques jours d'incertitude, il les décida à continuer avec lui sa marche sur Lauingen, où il passa, le 15 avril, le Danube avec 3,000 chevaux d'avant-garde. Étant couvert par des marais, il observa l'armée ennemie; elle n'était pas sur ses gardes; il fit avancer pendant la nuit son infanterie, et dans la matinée se porta en avant. Le général Melander, qui avait remplacé l'archiduc dans le commandement de l'armée impériale, se mit en retraite. Cependant Turenne atteignit à Zusmarshausen son arrière-garde, commandée par Montecuccoli. Le combat fut opiniâtre : Melander rétrograda pour secourir son arrière-garde; il fut tué; ses troupes évacuèrent le champ de bataille et repassèrent en hâte le Lech. Turenne manœuvra sur le bas Lech, le passa à Rain, et, sans s'arrêter au siége de cette place, se porta sur l'Isar, à Freysing, qu'il surprit ainsi que le pont. La cour de Bavière, effrayée, quitta sa capitale et se retira à Salzburg. De Freysing, il marcha sur l'Inn, tâta Wasserburg, le trouva fortement occupé, revint sur Mühldorf; il échoua dans ses efforts pour y jeter un pont : tous les bateaux avaient été enlevés. Cependant il y séjourna trois semaines et mit à contribution la Bavière, qui fut ravagée avec l'animosité qui caractérise les guerres de religion. Cette conduite est reprochée à sa mémoire.

Piccolomini, qui était accouru de Flandre, réunit une armée à Passau; à cette nouvelle, Turenne revint sur l'Isar. Les deux armées s'observèrent pendant trente jours sans qu'il se passât rien d'important. Mais, pendant ce temps, le général suédois Kœnigsmark, qui, après le passage du Lech, s'était porté en Bohême, eut des succès et prit Prague; ce qui obligea Piccolomini à faire un détachement pour la défense de ce royaume.

Turenne ne voulut pas hiverner dans un pays si éloigné; suivant l'usage de ce temps, il se rapprocha de la France, repassa le Lech, le 10 octobre, à Landsberg, et, le 15, le Danube à Donauwœrth. Le 24 octobre, la paix fut signée à Münster; c'est le fameux traité de Westphalie, qui établit pour un siècle le droit public de l'Europe. Peu après, l'armée française se rapprocha du Rhin, et les Suédois de l'Elbe.

II. *Neuvième observation.* — Il n'y a d'autre événement militaire dans cette campagne que le combat de Zusmarshausen. Turenne est le premier général français qui ait planté les couleurs nationales sur les bords de l'Inn. Dans cette campagne, et dans celle de 1646, il parcourut l'Allemagne en tous sens, avec une mobilité et une hardiesse qui contrastent avec la manière dont la guerre s'est faite depuis. Cela tenait à son habileté et aux bons principes de guerre de cette école, ainsi qu'au grand nombre de partisans et d'alliés qu'il trouvait partout. L'Allemagne était alors divisée en deux partis : les catholiques, et les réformés que la France appuyait pour humilier la Maison d'Autriche, qui était à la tête des catholiques.

CHAPITRE VI.
CAMPAGNES DE 1649, 1650, 1651.

I. (1649.) Turenne se déclare contre le roi; il est abandonné par ses troupes; paix de Rueil; il est compris dans le pardon de la régente et revient à la cour. — II. (1650.) Nouveaux troubles; il lève de nouveau l'étendard de la révolte; il traite avec l'Espagne et commande l'armée espagnole. — III. Bataille de Rethel (15 décembre). — IV. (1651.) Élargissement des princes. Mazarin quitte la France; Turenne quitte les rangs des ennemis et revient à la cour. — V. Observations.

I. Le traité de Münster ou de Westphalie avait rétabli la paix en Allemagne; mais la guerre continuait avec l'Espagne; on se battait en Flandre, en Catalogne. La guerre civile éclata en France; la régente quitta Paris et réunit une armée, dont elle confia le commandement au prince de Condé : il cerna la capitale. Le prince de Conti et les ducs de Longueville et de Beaufort commandaient l'armée parisienne; le coadjuteur, le duc d'Elbeuf, le duc de Bouillon et un grand nombre de seigneurs tenaient pour la Fronde. Le maréchal de Turenne, influencé par son frère aîné, le duc de Bouillon, trahit la cour et l'obéissance qu'il lui devait, réunit les officiers de son armée et les harangua pour leur faire prendre part à la rébellion; il en obtint la promesse et fit un manifeste contre la régente, elle qui l'avait successivement élevé à tous les grades militaires; c'est d'elle qu'il avait reçu le bâton de maréchal de France et le commandement de l'armée à la tête de laquelle il se trouvait en ce moment. Anne d'Autriche le déclara criminel de lèse-majesté; elle écrivit une circulaire à tous les officiers et commandants de place pour leur défendre de lui obéir. Les troupes françaises restèrent fidèles à leur gouvernement; elles abandonnèrent Turenne, qui fut contraint de se réfugier en Hollande avec quelques amis. Autant la nouvelle de la déclaration de ce maréchal pour la Fronde et de sa marche sur Paris avec son armée avait causé de joie dans cette capitale, autant l'annonce de sa fuite en Hollande y causa d'alarme et de consternation. La paix de Rueil, conclue quelques mois après, ramena Turenne à la cour; la régente l'avait compris dans le pardon général.

II. Dans l'hiver de 1650, de nouveaux troubles éclatèrent; le prince de Condé, le duc de Beaufort et le duc de Longueville furent arrêtés par ordre de la régente et renfermés dans le donjon de Vincennes. Turenne avec la duchesse de Longueville se retira à Stenay, place qui appartenait à M. le prince, et leva l'étendard de la révolte. Plusieurs princes et princesses de la maison de Condé, le duc de Bouillon, le duc de la Rochefoucauld, se réfugièrent à Bordeaux, et firent prendre les armes à cette grande ville.

Turenne conclut, le 10 avril, un traité avec la cour d'Espagne, qui stipula qu'elle lui fournirait 200,000 écus pour la levée des troupes, 300,000 pour leur entretien et 60,000 par an pour être partagés entre lui, la duchesse de Longueville et leurs principaux adhérents; que, de plus, elle mettrait sous ses ordres 5,000 Espagnols, dont 3,000 de cavalerie, et fournirait les garnisons des places fortes de la frontière qu'on prendrait, mais que les garnisons des places prises dans l'intérieur du royaume seraient fournies par l'armée du maréchal de Turenne.

En conséquence de ce traité, vers le milieu de juin 1650, Turenne parut devant le Catelet à la tête de 18,000 hommes; après trois jours de siége, cette place capitula; il mit le siége devant Guise, qu'il prit également. L'archiduc[1] vint de Bruxelles se mettre à la tête de l'armée espagnole; Turenne ne commanda plus qu'en second. Au commencement d'août l'armée espagnole passa l'Oise; Turenne voulait la conduire à Paris; les généraux espagnols furent plus circonspects. Le maréchal du Plessis-Praslin, commandant l'armée royale, était campé à Marly. L'archiduc s'empara de Rethel, de Château-Porcien et de Neufchâtel; mais, ayant refusé d'aller outre, Turenne, à la tête de 4,000 hommes, passa l'Aisne, battit le marquis d'Hocquincourt, qui était à Fismes avec dix

---

[1] Léopold-Guillaume, fils de l'empereur Ferdinand II et gouverneur des Pays-Bas de 1647 à 1656.

régiments de cavalerie, couvert par la Vesle, lui fit 500 prisonniers et le jeta sur Soissons. Il avait projeté de se porter sur Vincennes pour délivrer les princes; mais, ayant appris qu'ils avaient été transférés au château de Marcoussis, sur la route d'Orléans, il renonça à cet espoir et rejoignit l'armée espagnole près de Neufchâtel. Sur la fin de septembre cette armée investit Mouzon, qui se rendit au milieu de novembre, d'où elle alla prendre ses quartiers d'hiver en Flandre. Turenne resta sur la frontière de l'Aisne avec 8,000 hommes.

III. La cour s'était portée devant Bordeaux, et, le 8 octobre, elle en avait reçu les clefs. Aussitôt son retour à Paris, la régente donna l'ordre au maréchal du Plessis-Praslin d'entrer en campagne avec 16,000 hommes et de mettre le siége devant Rethel; il l'investit le 9 décembre. Turenne y avait laissé 1,800 hommes; mais les travaux du siége furent poussés avec une telle vigueur que la place capitula en peu de jours. Cependant Turenne avait quitté les bords de la Meuse pour accourir à son secours: il arriva, en quatre jours de marche, le 13 décembre, une heure avant le coucher du soleil, devant Rethel; il apprit que la place venait de capituler. Le lendemain il battit en retraite, il fit quatre lieues et gagna la vallée de Bourcq. Le maréchal du Plessis marcha toute la nuit du 14 au 15 sur Juniville; il y eut connaissance que Turenne était à trois lieues de lui; il se remit aussitôt en marche; les deux armées se trouvèrent en présence le 15 à trois heures du matin. Turenne sortit de la vallée et gagna les hauteurs de gauche; l'armée du roi le suivit parallèlement sur les collines de droite; les deux armées marchèrent ainsi deux heures. Turenne ne voulait pas combattre; le maréchal du Plessis était, au contraire, impatient d'en venir aux mains. Voyant qu'il était midi et que son ennemi allait lui échapper, il descendit dans la vallée entre le bourg de Saint-Étienne et celui de Sommepy, au lieu nommé *le Blanc-Champ*. Les deux armées se rangèrent en bataille: le lieutenant général marquis d'Hocquincourt commandait la gauche de l'armée royale, le général Rosen le centre, et le marquis Villequier la droite. Le lieutenant général la Fauge commandait la droite de l'armée de Turenne, le comte de

Ligneville la gauche; les marquis de Duras, de Beauvau, de Bouteville et de Montausier, le centre. Les forces du maréchal du Plessis étaient doubles: mais Turenne, s'étant aperçu que toute l'infanterie royale n'était pas arrivée, descendit dans la vallée à la rencontre du maréchal; sa gauche, à la tête de laquelle il marcha, chargea la droite française; les deux ailes se trouvèrent mêlées. Le succès était incertain; mais la droite espagnole, commandée par le lieutenant général la Fauge, fut enfoncée par le marquis d'Hocquincourt, qui, après l'avoir rompue entièrement et fait la Fauge prisonnier, se porta contre l'aile que commandait Turenne, la chargea pendant qu'elle combattait encore avec la droite française, et, après un combat long et meurtrier, décida la victoire. Les Espagnols, entourés de tous côtés, lâchèrent prise; Turenne se trouva seul avec le lieutenant de ses gardes au milieu des escadrons français; cependant il parvint à s'échapper, gagna d'abord Montmédy, puis Bar-le-Duc, où il rallia les débris de son armée; 1,200 hommes étaient restés sur le champ de bataille; il réunit à peine un quart de ses troupes.

IV. Pendant l'hiver de 1651, les négociations eurent lieu pour la paix; les princes sortirent de prison le 13 février. Mazarin quitta le royaume, et le parlement rendit un arrêt qui le déclarait perturbateur du repos public et le bannissait. Turenne s'entremit auprès des Espagnols pour les engager à la paix; il ne put y réussir. Dans les premiers jours de mai, ayant reçu des lettres qui l'assuraient de son pardon, il revint à la cour. Pendant toute l'année 1651, de nouvelles intrigues se formèrent à Paris; le prince de Condé quitta la cour, se rendit dans son gouvernement de Guyenne et recommença la guerre. Turenne refusa de prendre parti contre le roi et lui resta fidèle. Mazarin quitta Cologne et les bords du Rhin et revint à la cour. Le maréchal d'Hocquincourt commanda l'armée royale contre le prince de Condé; ce ne fut que dans le commencement de 1652 que Turenne fut investi par le roi du commandement de l'armée, conjointement avec le maréchal d'Hocquincourt.

V. *Dixième observation.* — 1° La conduite de Turenne, dans cette circonstance, est peu honorable; sujet du roi, il ne devait pas prendre les armes contre son maître. La raison de la minorité ne pouvait en être une, il avait reconnu la régente; depuis nombre d'années il commandait ses armées; il était comblé de ses bienfaits : en prenant parti pour la Fronde, il suivit l'impulsion du chef de sa maison, le duc de Bouillon, son frère, et, sous ce point de vue, il pourrait être excusable. Dans ce cas, il fallait qu'il quittât le commandement de l'armée que lui avait confiée la régente, et que ce fût comme particulier qu'il allât se ranger sous les drapeaux de la Fronde. Mais pratiquer son armée, c'est une infidélité qui ne peut être justifiée ni par les principes de la morale ni par les règlements militaires; il en fut cruellement puni, puisque ses soldats l'abandonnèrent et restèrent fidèles à la voix du devoir et à leur serment.

2° Après la paix de Rueil, Turenne prit de nouveau parti contre la cour; alors il n'était pas employé, il suivit les conseils et les impulsions du chef de sa maison et l'influence qu'exerçait sur lui la duchesse de Longueville; il se retira à Stenay et se déclara pour les princes que la cour tenait opprimés et en prison. Il y a cette fois dans la conduite de Turenne quelques circonstances atténuantes: mais, quelques mois après, il est obligé de traiter avec les ennemis de la France, de se mettre à la tête des armées espagnoles pour les aider à prendre les places frontières et à ravager le sol de sa patrie. Ce grand crime est réprouvé par les principes de la religion, de la morale et de l'honneur. Rien ne peut excuser un général de profiter des lumières acquises au service de sa patrie pour la combattre et en livrer les boulevards aux nations étrangères.

Onzième observation. — 1° A la bataille de Rethel, il engagea mal à propos le combat; aussitôt qu'il eut connaissance de la reddition de Rethel, son but était manqué, il devait faire sa retraite, il devait faire au moins sept lieues dans la journée; il n'eût pas alors été atteint par l'armée française, il n'eût pas été contraint de recevoir le combat contre une armée supérieure; il ne fit que quatre lieues.

2° Lorsque le maréchal du Plessis descendit dans la plaine et se rangea en bataille, Turenne pouvait encore éviter la bataille en accélérant son mouvement.

Il ne forma aucune réserve derrière ses ailes, ce qui causa sa ruine. Une fois enfoncée, sa cavalerie ne put pas se rallier. Il se fût donné plus de chances de succès en adoptant un ordre moins étendu.

CHAPITRE VII.

CAMPAGNE DE 1652.

I. Opérations et manœuvres de l'armée du roi sous les ordres des maréchaux de Turenne et d'Hocquincourt; combat de Bléneau (7 avril). — II. Opérations de l'armée du roi, commandée par le maréchal de Turenne seul; siège d'Étampes; armistice accordé au duc de Lorraine. — III. Bataille du faubourg Saint-Antoine (3 juillet). — IV. Camp de Villeneuve-Saint-Georges; la cour rentre à Paris. — V. Observations.

I. La cour séjourna une partie de l'hiver en Poitou et en Anjou pour pacifier ces provinces; le maréchal d'Hocquincourt commandait son armée. Le cardinal en forma une nouvelle avec des troupes venues de Champagne, et en confia le commandement au maréchal de Turenne, qui dut agir de concert avec l'armée du maréchal d'Hocquincourt. Les deux armées réunies étaient peu considérables; elles avaient à peine 9,000 hommes, la plus grande partie de cavalerie; mais la cour craignait de se mettre à la discrétion d'un seul général. Elle remonta la Loire pour s'approcher de Paris; toutes les villes riveraines lui ouvrirent leurs portes, à l'exception d'Orléans; elle s'établit à Gien : pour se rendre dans cette ville, elle avait longé la Loire et couché à Sully. L'armée de la Fronde, forte de 14,000 hommes, commandée par le duc de Beaufort, était cantonnée entre Montargis et la Loire. Ce général, ayant eu connaissance du séjour de la cour, médita de l'enlever, et envoya à Jargeau le lieutenant général de Sirot[1], avec quatre régiments, pour s'assurer du pont de la Loire. De son côté, Turenne, inquiet des dangers que pouvait courir la cour aux approches du fleuve, se porta à Jargeau; il s'y rencontra avec les troupes de Sirot, au moment même où elles y entraient : quoiqu'il n'eût que 200 hommes, il paya d'audace une partie de la journée, jusqu'au soir que son armée arriva. Ce combat, par lui-même insignifiant, fut d'un grand effet sur la régente. Le lieutenant général Sirot fut

---

[1] Claude d'Eltouf de Pradines, baron de Sirot.

tué. Les armées royales passèrent la Loire; elles se cantonnèrent à Briare et à Bléneau. On était en avril, les fourrages étaient rares, la dislocation de l'armée fut opérée.

Le prince de Condé était en Guyenne: il laissa le commandement et la direction des affaires de son parti dans cette province au prince de Conti; il partit à franc étrier avec un petit nombre de ses officiers, et, après avoir couru mille dangers, il arriva au camp de Lorris, près Montargis, marcha le lendemain sur cette ville, s'en empara, retourna sur-le-champ contre les cantonnements du maréchal d'Hocquincourt, enleva plusieurs quartiers de dragons qui étaient cantonnés sur le canal, réunit son infanterie dans Bléneau, rallia tout ce qu'il put de sa cavalerie et fit sa retraite sur Saint-Fargeau. Turenne, à la première nouvelle qu'il en eut, réunit ses cantonnements, se porta avec son infanterie sur Bléneau. Pendant cette marche de nuit, son armée et celle de Condé se côtoyèrent en marchant en sens inverse et sans s'apercevoir; au jour, elles se découvrirent au bruit des clairons et des tambours. L'armée de Turenne n'était que de 4,000 hommes. Comment tenir en échec une armée triple et commandée par Condé? Il prit la position de l'étang de la Bouzinière: c'était un défilé formé par l'étang sur la gauche et par un bois sur la droite; il plaça ses troupes derrière ce défilé, établit une forte batterie pour battre au milieu, ne fit point occuper le bois par son infanterie, pour ne pas s'exposer à être engagé malgré lui, et passa le défilé avec six escadrons. Aussitôt que l'armée de Condé s'approcha, il repassa le défilé. Ce prince, fort étonné de rencontrer l'armée royale en position, se déploya et s'empara du bois; cependant il parut indécis; enfin il entra dans le défilé. Le vicomte de Turenne fit alors volte-face avec sa cavalerie, culbuta la tête de la colonne ennemie avant qu'elle pût se déployer. Au moment même il démasqua sa batterie, qui porta le désordre dans les rangs de Condé; il repassa le défilé et prit position. Il avait marché toute la nuit. Dans la soirée, le maréchal d'Hocquincourt rejoignit Turenne avec tout ce qu'il avait sauvé et rallié de son armée. Malgré cette jonction et l'arrivée de quelques renforts envoyés de Gien, l'armée royale était encore inférieure: mais la disproportion n'était plus la même. Peu de jours après, le prince de Condé retourna à Paris, où l'appelaient les affaires de son parti; il laissa son armée sous les ordres de Tavannes.

La cour se rendit quelques semaines après à Saint-Germain, sur la rive gauche de la Seine, par Auxerre, Sens, Fontainebleau et Melun: les deux maréchaux firent une marche de quarante lieues pour la couvrir; ils campèrent successivement à la Ferté-Alais, à Chartres. L'opinion du maréchal était qu'elle osât et entrât dans Paris; mais Mazarin craignit pour sa personne et s'y opposa. L'armée du prince de Condé était concentrée à Étampes pendant que ce prince était à Paris. Sur ces entrefaites, Mademoiselle traversa les deux armées pour se rendre d'Orléans à Paris; Turenne voulut profiter de l'occasion pour surprendre l'ennemi; il ne réussit pas entièrement, cependant il défit plusieurs régiments, fit un grand nombre de prisonniers et obtint un avantage qui eût été plus important sans les fausses manœuvres d'Hocquincourt. Le cardinal le sentit; il envoya en Flandre ce général, sous prétexte que les Espagnols faisaient des mouvements, et confia toute l'armée à Turenne.

II. Les esprits étaient fort divisés à Paris, et le parti des mécontents avait une grande confiance dans l'armée qui était à Étampes; pour la discréditer et pour lui ôter l'honneur des armes, la régente ordonna le siége de cette ville. Turenne l'investit; n'ayant point d'armée à redouter en campagne, il ne fit pas de lignes de circonvallation, mais il établit des lignes de contrevallation à portée de fusil de la place; il se flattait que le défaut de vivres lui en rendrait promptement raison, lorsqu'il apprit que le duc de Lorraine entrait en Champagne, qu'il marchait sur la capitale, qu'il était d'intelligence avec les Frondeurs, et que son but principal était de faire lever le siége d'Étampes. Il résolut alors de brusquer l'attaque, et donna plusieurs assauts qui n'eurent point un succès complet. Il était tellement dépourvu des objets nécessaires, que la cour fut obligée de lui envoyer ses chevaux pour le service de l'armée. Ayant appris que le duc de Lorraine était arrivé à Charenton et se disposait à passer la Seine, il ne perdit pas un moment, leva le siége, se porta sur

Corbeil. Les chevaux de la cour furent employés pour traîner l'artillerie des batteries qu'il évacua. Il traversa la forêt de Senard, passa la petite rivière d'Yerres à Brunoy, fit une marche de nuit autour de Gros-Bois, et arriva à la pointe du jour sur le camp du duc de Lorraine, qui appuyait sa gauche à Villeneuve-Saint-Georges et sa droite aux premiers bois de la Grange, et s'était couvert de six redoutes qu'il avait élevées et palissadées dans la nuit; son armée était de 10.000 hommes. Turenne établit son camp vis-à-vis de Villeneuve-Saint-Georges.

Le principal engagement qu'avait pris avec les Frondeurs le duc de Lorraine était de faire lever le siège d'Étampes: son but était rempli. Ce prince n'avait plus d'état : la Lorraine était tout entière occupée par une armée du roi; il ne possédait plus que son armée, qu'il ne voulut pas exposer à sa ruine dans un engagement sérieux. Il avait toujours dans son camp des négociateurs de Mazarin; le prétendant d'Angleterre s'y rendit. Enfin, au moment où l'armée de Turenne n'était plus éloignée que d'une portée de canon, il signa l'*ultimatum*, consentit à cesser sur-le-champ les hostilités, à livrer son pont sur la Seine et à quitter la France sous quinze jours. Il se mit en marche à cet effet; il passa l'Yerres. Une heure après l'armée des princes arriva sur la Seine, de l'autre côté de Villeneuve-Saint-Georges, et, au lieu de l'armée de Lorraine, aperçut sur l'autre rive l'armée du roi. Si la jonction se fût faite avec le duc de Lorraine, la supériorité numérique des Frondeurs eût été telle, que la cour n'aurait plus eu d'autre parti à prendre que celui de se retirer sur Lyon, ne pouvant compter sur la Bourgogne.

III. Condé accourut en toute hâte de Paris, se mit à la tête de son armée; il la ramena entre Saint-Cloud et Suresnes, gardant le pont de Saint-Cloud. Le 1ᵉʳ juillet, Turenne passa la Marne à Meaux, se porta sur Épinay; le maréchal de la Ferté le joignit; la cour s'établit à Saint-Denis. Il jeta un pont vis-à-vis Épinay, profitant d'une île formée par la Seine, afin de pouvoir attaquer Condé sur les deux rives; mais ce prince leva son camp, traversa le bois de Boulogne et se présenta à la barrière de la Conférence. Les Parisiens lui refusèrent l'entrée de leur ville; il tourna les murailles. Turenne, qui suivait son mouvement, marcha sur la Chapelle; il arriva à temps pour charger l'arrière-garde. L'intention de Condé était de se porter sur Charenton; mais, vivement poussé, il se jeta dans le faubourg Saint-Antoine, derrière les retranchements que les bourgeois avaient construits autour de leur faubourg pour se mettre à l'abri des maraudeurs qui infestaient les environs de la capitale, et qui s'appuyaient, d'un côté, au pied des collines de Charonne, et, de l'autre, à la Seine; ils avaient 1,800 toises de circuit. Ce faubourg formait une patte d'oie; les principales rues aboutissaient à la porte de la ville, sous la Bastille, dont le canon dominait tout le faubourg et enfilait les trois débouchés; indépendamment de cela, des barricades furent élevées au milieu de ces trois rues, et le prince de Condé fit occuper et créneler les principales maisons par des détachements d'infanterie. Turenne attaqua ce faubourg, il pénétra par trois points : la droite, sous les ordres du marquis de Saint-Mégrin, entra par la rue de Charonne; le centre, où se trouvait le maréchal, s'empara de la barrière du Trône, et la gauche, sous le marquis de Navailles, longea la rivière, se dirigeant sur la place d'armes. Les retranchements n'opposèrent pas de résistance; on se battit aux barrières : Saint-Mégrin s'empara de celle de Charonne, et mit en déroute les troupes qui lui étaient opposées; sa cavalerie se lança imprudemment dans la rue et arriva jusqu'à la place du marché; elle fut chassée par Condé, qui la battit avec une cinquantaine d'officiers d'élite. A la gauche, les troupes royales parvinrent jusqu'à la barrière; elles s'emparèrent même du jardin de Rambouillet; mais les ducs de Beaufort et de Nemours s'avancèrent à la tête de la jeunesse de Paris et les repoussèrent. Navailles avait eu la précaution de faire occuper solidement les têtes des rues, ce qui lui donna les moyens de conserver la barrière. Turenne pénétra lui-même dans la principale rue; il arriva à l'abbaye Saint-Antoine, mais il fut repoussé par le prince, qui accourut à la tête de quelques officiers de sa maison et le ramena jusqu'au delà de la barrière. Peu d'instants après, Turenne rentra dans la rue avec des troupes fraîches. Un grand nombre de petits combats singuliers signalaient la bravoure des deux partis, lorsque enfin le maréchal de la Ferté arriva avec l'artillerie : Turenne en plaça aussitôt une batterie près de l'abbaye Saint-Antoine, et en envoya également à l'attaque de droite et à celle de gauche. Profitant d'ailleurs de la grande supériorité de ses troupes, il enleva plusieurs grosses maisons où s'étaient crénelés les Frondeurs, qui, se voyant forcés de tous côtés, perdirent courage et se sauvèrent en désordre sur la place d'armes, en avant de la porte Saint-Antoine. Dans ce moment Mademoiselle apporta aux bourgeois de service à cette porte l'ordre de l'Hôtel de Ville de l'ouvrir à l'armée de Condé, qui, ranimée par cette heureuse nouvelle, rentra dans Paris avec assez d'ordre, et alla se camper et se retrancher sur l'autre rive de la Seine, derrière la petite rivière des Gobelins. Au même moment Mademoiselle fit tirer le canon de la Bastille, ce qui empêcha l'armée du roi de poursuivre dans la capitale l'ennemi vaincu, qui lui échappait. Ce combat fut fort opiniâtre; l'animosité était grande de part et d'autre, surtout parmi les officiers. La cour en avait été spectatrice des hauteurs de Charonne, où elle s'était placée dès le matin. Dans la nuit elle retourna à Saint-Denis.

IV. Quelques semaines après cette bataille, une armée de 20,000 Espagnols, auxquels s'était joint le duc de Lorraine, entra en Picardie et marcha sur la capitale au secours de la Fronde. A cette nouvelle, l'alarme fut extrême à la cour, qui était toujours à Saint-Denis; elle courait le danger de se trouver entre l'armée espagnole et Paris. Rouen et Dijon se refusaient à la recevoir; il ne paraissait plus lui rester de ressource que de se réfugier à Lyon; mais Turenne s'opposa fortement à ce parti désespéré, qui eût entraîné la perte de toutes les places de Picardie, donné une nouvelle activité à la guerre civile et accrédité la Fronde, dont les partisans diminuaient à Paris. En effet, après l'entrée du prince dans cette capitale, des massacres avaient eu lieu à l'Hôtel de Ville, ce qui avait accru le désir des habitants de voir se terminer la guerre civile et le roi revenir dans son palais. Turenne conseilla à la régente d'établir sa cour à Pontoise, où avec sa garde elle serait en sûreté; il paraît d'ailleurs que les Frondeurs portaient de grands ménagements au séjour du roi. Le maréchal se porta avec l'armée sur Compiègne pour s'opposer à la marche de l'armée espagnole, qui était double de la sienne, mais qui n'avait aucun intérêt à frapper des coups décisifs. En effet, l'archiduc s'approcha de l'Oise, eut quelques succès sur le duc d'Elbeuf, qui se laissa cerner avec 5 à 600 hommes; puis il retourna en Flandre, laissant le duc de Lorraine avec un détachement de l'armée espagnole pour hiverner en Champagne. Cet orage ainsi conjuré, Turenne se rapprocha de Paris et campa à Gonesse, où il séjourna un mois. Il ne tarda pas à apprendre que le duc de Lorraine marchait de nouveau sur la capitale; il marcha à sa rencontre et campa à Brie-Comte-Robert, où ayant pensé que le projet du duc de Lorraine était de se joindre, à Villeneuve-Saint-Georges, à l'armée du prince de Condé, il s'y porta en hâte, et arriva au moment où les fourriers de l'ennemi entraient pour marquer le logement de leur armée. Le duc de Lorraine, ayant ainsi manqué sa jonction à Villeneuve-Saint-Georges, se porta sur Ablon, où quelques jours après il effectua sa jonction avec le prince de Condé. Turenne prit la position de Villeneuve-Saint-Georges, la gauche appuyée au village, la droite au bois de la Grange, le front couvert par les six redoutes qu'avait fait construire, quelques mois auparavant, le duc de Lorraine, et qu'il réunit par des courtines. Il jeta deux ponts sur la Seine et les couvrit par une bonne tête de pont. Condé, sans profiter de l'avantage du nombre qu'il avait acquis par sa jonction avec l'armée de Lorraine, prit position à Limeil et se retrancha à une portée de canon du camp de l'armée royale. Le duc de Lorraine campa à Brie-Comte-Robert, tenant l'armée du roi comme enveloppée; celle-ci ne pouvait pas tirer de vivres de la rive droite de la Seine; mais, moyennant la possession de Corbeil et de sa tête de pont, elle fourrageait sur la rive gauche et se maintenait toujours dans l'abondance. Enfin, au bout de six semaines, pendant lesquelles il ne se passa rien d'important, les choses parurent mûres dans Paris. Mazarin céda à l'orage et se retira à Bouillon; ce qui concilia à la cour les esprits de la capitale : ils n'étaient plus retenus que par la pensée que Turenne était cerné dans son camp. La régente lui envoya, en conséquence, l'ordre d'en sortir pour l'accompagner dans son entrée dans sa capitale. Condé était tombé malade et s'était fait transporter à

Paris. Turenne fit jeter quatorze ponts sur l'Yerres, la passa dans la soirée du 5 octobre, marcha sur Corbeil, sur Chaumes, passa la Marne à Meaux et campa près de Senlis. La cour quitta Meulan, où elle s'était rendue, alla à Saint-Germain, y séjourna quatre jours, et fit son entrée à Paris le 21 octobre, passant par Saint-Cloud et le bois de Boulogne. Le roi était à cheval; il traversa le faubourg Saint-Honoré. Toutes les villes du royaume suivirent l'exemple de la capitale. Les deux partis du parlement, celui de Pontoise et celui resté à Paris, se réunirent; la guerre civile fut terminée. Condé, avec l'armée espagnole et celle de Lorraine, se retira en Champagne; il continua à servir contre sa patrie. Louis XIV fut accueilli à Paris avec enthousiasme. Le duc d'Orléans, son oncle, se retira à Blois; le coadjuteur fut arrêté quelques mois après. Aussitôt que Turenne vit le roi rétabli dans sa capitale, il en partit avec l'armée pour se porter en Champagne; il chassa Condé et l'armée ennemie du royaume, et assiégea Bar-le-Duc. Mazarin se rendit à son camp; depuis qu'il avait quitté le royaume, il avait habité Sedan. La basse ville de Bar-le-Duc fut emportée d'assaut; la haute ville soutint douze jours le siége. Le prince de Condé vint avec la cavalerie jusqu'à Vaubecourt. Ligny se rendit dans le même temps au maréchal de la Ferté. Le maréchal voulait qu'on assiégeât Sainte-Menehould et Rethel; mais on était dans le cœur de l'hiver, et autour de ces villes il n'y avait pas de quoi mettre l'armée à couvert. Château-Porcien ouvrit ses portes après sept jours de siége; mais, pendant ce temps, Condé prit Vervins, ce qui décida Turenne à continuer la campagne et à porter le siége devant cette ville, qu'il reprit; l'armée entra ensuite en quartiers d'hiver en février. Le soldat, pendant cette arrière-campagne, témoigna hautement son mécontentement contre le cardinal: il manquait de vivres, l'hiver était très-froid; il fut souvent réduit à manger de la chair de cheval et des trognons de choux, qu'il appelait *le pain du cardinal*.

V. *Douzième observation*. — 1° Turenne avait prévenu le maréchal d'Hocquincourt que ses quartiers étaient exposés.

2° La manœuvre habile qu'il fit pour imposer à Condé, et qui lui réussit, fut considérée dans le temps comme le plus grand service qu'il pût rendre à la cour; en effet, s'il se fût laissé imposer, elle eût été obligée de quitter Gien, ce qui eût été d'une fâcheuse influence sur les affaires politiques. Mais il est évident que le maréchal n'avait pas le projet de tenir sa position. Si Condé se fût décidé à l'attaquer, il avait tout préparé pour sa retraite; c'est ce que prouve la précaution qu'il prit de retirer tous les postes placés dans le bois, pour ne pas les exposer et se trouver engagés malgré lui. Une fois qu'une affaire est commencée, elle s'engage graduellement. Il tint ses troupes réunies assez à portée du défilé pour en rendre le passage dangereux au prince, assez près pour pouvoir lui faire du mal par le feu d'une batterie postée de manière à battre en plaine dans la longueur du défilé, mais assez éloignées pour que rien ne se trouvât compromis. Cette circonstance ne paraît rien; cependant c'est ce rien qui est un des indices du génie de la guerre.

3° Cette manœuvre si délicate, exécutée avec tant d'habileté et tant de prudence, ne saurait cependant être recommandée. Turenne, aussitôt qu'il eut réuni sa cavalerie, devait se retirer du côté de Saint-Fargeau, pour revenir ensuite en avant, mais seulement après sa jonction avec le maréchal d'Hocquincourt. Les règles de la guerre veulent qu'une division d'une armée évite de se battre seule contre toute une armée qui a déjà obtenu des succès : c'est courir le danger de tout perdre sans ressources. Le prince de Condé avait plus de 12,000 hommes, Turenne, n'en avait que 4,000.

4° Le point de rassemblement des quartiers des deux armées avait été indiqué trop près de l'armée : c'était une faute. Il faut que le point de réunion d'une armée, en cas de surprise, soit toujours désigné en arrière, de sorte que tous les cantonnements puissent y arriver avant l'ennemi. Dans cette position, il devait être désigné entre Briare et Saint-Fargeau.

Treizième observation. — La marche de Turenne contre le prince de Lorraine avait toute espèce d'avantages.

1° Il sortait lui-même d'embarras, puisque au camp d'Étampes il se trouvait entre les deux armées, et qu'étant arrivé sous Gros-Bois il les avait dépassées toutes les deux.

2° Il se ménageait la possibilité de battre isolément le duc de Lorraine.

3° Enfin l'intérêt, le caractère et l'esprit de ce prince l'autorisaient à espérer qu'il lui ferait facilement prendre le parti qui conviendrait au roi aussitôt qu'il le pourrait atteindre seul.

Quatorzième observation. — Le séjour de Turenne au camp de Villeneuve-Saint-Georges pendant six semaines, devant deux armées supérieures en force, est bien hasardeux; quel motif a pu le porter à courir un tel danger? Son camp n'était pas tellement fort qu'il ne pût être forcé; ce qui aurait entraîné la ruine de son armée et celle du parti de la cour. Sa position paraissait tellement critique, qu'elle a retardé la soumission de Paris.

Quinzième observation. — 1° Le prince de Condé, dans cette campagne, n'a pas montré cette audace dont était animé le général de Fribourg et de Nœrdlingen; il ne devait pas se laisser imposer à Bléneau par des démonstrations. Même réunies, les deux armées royales étaient inférieures à la sienne; il devait lui être démontré qu'il n'avait pas devant lui des forces considérables. Il se contenta d'un avantage insignifiant; il s'en tint aux préliminaires sans mettre son entreprise à fin. Avec un peu de son audace habituelle, il était près d'obtenir les dernières faveurs; il négligea de cueillir les fruits de sa combinaison et de la faute du maréchal d'Hocquincourt.

2° Après sa jonction avec le duc de Lorraine, ayant des forces si supérieures, on ne voit pas bien pourquoi il se contente de se retrancher sur les hauteurs de Limeil au lieu d'attaquer l'armée du roi. Il pouvait avoir autant de canons qu'il en voudrait, étant aussi près de Paris, et un succès décisif dans cette circonstance pouvait seul rétablir ses affaires et soutenir son parti dans la capitale. Condé manqua ce jour-là d'audace.

CHAPITRE VIII.
CAMPAGNE DE 1653.

I. Manœuvres de Turenne pour empêcher l'archiduc Léopold de passer l'Oise. — II. Observation.

I. La campagne précédente s'était terminée en février; l'armée avait été envoyée en quartiers d'hiver sur la Loire et dans le Poitou; elle ne put entrer en campagne cette année que fort tard; elle débuta par le siége de Rethel, qui capitula le 8 juillet, après trois jours de tranchée ouverte.

Cependant une armée de 30,000 hommes était entrée en Picardie; elle menaçait de se porter dans le cœur du royaume; on n'avait à lui opposer que 16,000 hommes, dont 10,000 de cavalerie. Les esprits étaient fort agités à Paris; Bordeaux était en armes, et l'approche du prince de Condé de la capitale pouvait avoir des conséquences funestes.

Turenne se porta à la rencontre de l'ennemi le 18 juillet; il campait à Ribemont, près de la Fère, lorsque le roi et le cardinal se rendirent à son camp pour y tenir conseil sur les graves conjonctures où l'on se trouvait. Plusieurs partis furent proposés : les uns voulaient que l'on jetât 5,000 hommes d'infanterie et 1,000 de cavalerie dans les places de la frontière; qu'avec 9,000 cavaliers et 1,000 fantassins d'élite on inquiétât la marche de l'armée, enlevât ses convois, menaçât ses communications; d'autres rejetaient bien loin l'idée d'affaiblir l'armée, et proposaient au contraire de prendre position derrière l'Oise, d'en défendre le passage, et, lorsqu'il serait forcé, de centraliser sur Paris les réserves et les secours que pourraient offrir les dépôts et les provinces. Turenne n'approuva aucun de ces deux partis : l'un et l'autre avaient des inconvénients; il était impossible de défendre le passage d'une rivière comme l'Oise : cependant, quand l'ennemi l'aurait forcé, il se vanterait d'un succès dont l'influence serait grande sur le moral de l'armée et sur l'opinion de la capitale. Il proposa, ce qui fut adopté, de rester en corps d'armée, de côtoyer à quatre ou cinq lieues l'armée espagnole dans sa marche, de faire une guerre de marches et de mouvements ; le soldat n'aurait aucune raison de se croire inférieur à l'ennemi ; on consumerait ainsi la saison, et, tant que l'on éviterait toute action, on serait en mesure de s'opposer à tout. Le roi retourna à la Fère. L'armée espagnole, campée à Fonsommes, leva son camp le 1ᵉʳ août; elle passa entre l'armée française et la Somme, et se porta, par Saint-Simon, près de Ham, à Roye, qu'elle assiégea. Elle manœuvrait entre l'Oise et la Somme. Turenne quitta son camp de Ribemont, longea l'Oise, campa le 3 août à Fargniers, le 5 à Noyon ; il y apprit qu'après deux jours de tranchée ouverte la petite ville de Roye, qui, n'ayant point de garnison, était défendue par les bourgeois, avait ouvert ses portes. Après la prise de cette ville, les Espagnols parurent incertains s'ils devaient se diriger sur leur gauche ou sur leur droite, sur l'Oise ou sur la Somme; la première direction les approchait de Paris, la deuxième les en éloignait. Ils prirent ce second parti; ils remontèrent la Somme et campèrent à Bray. L'armée du roi était à Eppeville, près de Ham, le 10, quand elle apprit, par une lettre interceptée, qu'un convoi considérable partait de Cambrai pour le camp ennemi. Elle passa aussitôt la Somme à Ham, campa à Manancourt, à la tête d'un ruisseau qui se jette dans la Somme à Mont-Saint-Quentin, près de Péronne. La cavalerie marcha au-devant du convoi, qui, instruit du mouvement des Français, rentra dans Cambrai. Le général ennemi, ayant appris que l'infanterie française se trouvait ainsi isolée, marcha à elle pour profiter de cette circonstance, et jeta à cet effet des ponts sur la Somme, qu'il passa. Mais Turenne, avec sa cavalerie, revint à son camp de Manancourt, le leva, se rapprocha de Péronne et s'établit près de Mont-Saint-Quentin. Le 13 août, l'armée espagnole fit une marche forcée, dépassa Bapaume dans la nuit, arriva à neuf heures du matin entre Manancourt et Péronne. Toutes les reconnaissances françaises ayant été prises, on n'apprit à l'armée française des nouvelles de l'ennemi que par ses coureurs. L'alarme fut grande; les maréchaux se hâtèrent de mettre leur armée en bataille. La Ferté occupa la gauche sur une position des plus mauvaises, étant dominé de tous côtés par des hauteurs qu'il était impossible de disputer à l'ennemi. L'inquiétude des généraux passa aux soldats. Si l'on restait sur ce mauvais champ de bataille, on était battu. Cependant l'ennemi approchait. Turenne ordonna de marcher en avant, de gagner la montagne, certain d'y trouver, dans quelque lieu qu'il rencontrât l'ennemi, des positions préférables à celles qu'il occupait. Effectivement, il en trouva une bonne à 2,000 toises de celle qu'il quittait; sa gauche s'y appuyait à une hauteur presque inaccessible, près du village de Buire; son front était couvert par un ruisseau qui se jette dans la Somme à Péronne. Cette position était très-étroite. Il plaça l'armée sur cinq lignes. Depuis plusieurs heures elle y était, quand l'armée espagnole se présenta, à trois heures après midi. Le prince de Condé voulait attaquer sur l'heure; les généraux espagnols pensèrent autrement; leurs troupes étaient trop fatiguées, disaient-ils; ils voulurent leur donner la nuit de repos. L'armée du roi en profita pour se couvrir de retranchements; et le lendemain, 14, les généraux espagnols ne jugèrent plus devoir courir les dangers de l'attaque. Les deux armées restèrent trois jours en présence; le 18 les Espagnols décampèrent, remontèrent la Somme pour surprendre Guise. Turenne prévit leur dessein et jeta 2,500 hommes dans Guise; ainsi prévenus, ils renoncèrent à leur entreprise et se campèrent à Caulaincourt, village entre Ham et le Catelet. L'armée du roi campa à Golancourt, à une lieue de Ham, sur la gauche de la Somme, se trouvant ainsi à quatre lieues de l'ennemi, la Somme entre deux. Les deux armées s'observèrent une quinzaine de jours, jusqu'au 1ᵉʳ septembre, que l'armée espagnole marcha de nouveau par sa gauche et se porta sur Rocroy, qu'elle investit.

Turenne n'avait que deux partis à prendre : ou se porter sur Rocroy pour inquiéter ou retarder le siége, ou attaquer lui-même une place qui compensât la perte de cette ville. Il prit ce dernier parti : il se porta en toute diligence à Mouzon, place forte sur la Meuse, entre Sedan et Stenay; il la cerna le 2 septembre, sans faire de lignes : elle ouvrit ses portes après dix-sept jours de tranchée ouverte. Il marcha aussitôt après sur Rocroy, mais cette place venait aussi de capituler. Les deux armées ne firent plus rien le reste de la campagne; en décembre elles entrèrent en quartiers d'hiver.

II. *Seizième observation.* — 1° Cette campagne s'est passée en manœuvres; elle est fort intéressante. Le prince de Condé ne commandait pas l'armée espagnole; c'était l'archiduc, qui ne voulait pas compromettre son armée. Son dessein était de prendre quelques places pour arrondir la frontière de la Flandre, de nourrir la guerre en Picardie et en Champagne, et, si l'occasion se présentait belle, de battre l'armée française à coup sûr; c'était ce que l'intérêt de l'Espagne lui conseillait. Marcher à Paris, quelque chose qu'il en pût coûter, relever le parti de la Fronde, encourager la révolte de Bordeaux, accroître les mécontents, déjà très-nombreux dans le royaume : voilà ce que désirait le prince de Condé.

Dans de pareilles circonstances, le parti que prit Turenne était convenable; mais il eût été bien dangereux dans toute autre conjoncture. Côtoyer une armée double en force est une opération bien difficile; il est bien peu de positions assez fortes pour pouvoir protéger une armée si inférieure en nombre; il ne paraît pas d'ailleurs qu'il ait eu le soin de prendre tous les soirs un camp choisi; au contraire, il a souvent campé dans de mauvaises positions où son armée était compromise, telles qu'à Mont-Saint-Quentin. Il dut au hasard la bonne position qu'il occupa quelques heures après, et elle n'était pas telle qu'il n'y eût été forcé si le prince de Condé avait été le maître.

2° Surpris à Mont-Saint-Quentin, la première pensée qu'aurait eue un général ordinaire eût été de se couvrir par la Somme en la repassant à Péronne, dont il n'était éloigné que d'une demi-lieue; mais que fût-il arrivé? L'ennemi eût aussi passé la Somme; il eût fallu rester en position et risquer une affaire pour l'arrêter. Cependant ce mouvement de retraite eût influé sur le moral des troupes et sur celui des ennemis en sens inverse. Passer la Somme, c'eût été ajourner, mais accroître la difficulté; on eût paré au mal du moment en empirant l'état des affaires. Turenne paya d'audace, marcha à la rencontre des ennemis; il était sûr que par ce mouvement il les déconcerterait, qu'il accroîtrait leur irrésolution et gagnerait la journée, parce qu'il faudrait qu'ils changeassent quelque chose à leur marche, qui avait été dirigée dans la supposition qu'il occupait Mont-Saint-Quentin. Pendant la nuit, il serait temps, après avoir vu l'ennemi et observé sa contenance, de prendre un parti; il était probable d'ailleurs que, dans ces pays de collines, l'armée trouverait une bonne position, susceptible d'être retranchée en peu d'heures, et alors on aurait maintenu la réputation des armes, cette partie si essentielle de la force d'une armée. Turenne se retrancha; ce grand capitaine faisait usage fréquemment des ouvrages de campagne. Cependant son armée avait trop de cavalerie et, en proportion, trop peu d'infanterie pour qu'il tirât tout le parti possible de la science de l'ingénieur. Dans cette guerre de marches, de manœuvres, il eût fallu se retrancher tous les soirs et se placer toujours dans une bonne défensive. Les positions naturelles que l'on trouve ordinairement ne peuvent pas mettre une armée à l'abri d'une armée plus forte sans le secours de l'art.

Il est des militaires qui demandent à quoi servent les places fortes, les camps retranchés, l'art de l'ingénieur; nous leur demanderons à notre tour comment il est possible de manœuvrer avec des forces inférieures ou égales sans le secours des positions, des fortifications et de tous les moyens supplémentaires de l'art. Il est probable que, si le prince de Condé eût commandé, il eût attaqué le soir même du jour de son arrivée; ce qui eût déconcerté Turenne, qui avait une armée inférieure et avait adopté un plan de campagne d'observation qui voulait qu'il ne se compromît jamais.

Achille était fils d'une déesse et d'un mortel : c'est l'image du génie de la guerre; la partie divine, c'est tout ce qui dérive des considérations morales, du caractère, du talent, de l'intérêt de votre adversaire, de l'opinion, de l'esprit du soldat, qui est fort et vainqueur, faible et battu, selon qu'il croit l'être; la partie terrestre, ce sont les armes, les retranchements, les positions, les ordres de bataille, tout ce qui tient à la combinaison des choses matérielles.

CHAPITRE IX.

CAMPAGNE DE 1654.

I. Siége d'Arras; Turenne force les lignes espagnoles (24 août). — II. Marches et manœuvres pendant l'arrière-saison. — III. Observation.

I. Turenne ouvrit la campagne de 1654 par le siége de Stenay, place forte qui appartenait à la Maison de Condé, ce qui décida l'archiduc à entreprendre le siége d'Arras. Cette place était forte, mais la garnison très-faible; il l'investit le 3 juillet avec 32,000 hommes. Cependant l'armée française s'approcha de la Somme; elle campa à Péronne et fit entrer quelques secours dans Arras avant que les lignes des Espagnols fussent terminées, ce qui n'eut lieu que le 14 juillet. De Péronne elle se porta entre Cambrai et Arras; le 17 elle arriva à Monchy-le-Preux, village à une lieue et demie d'Arras et à une portée de canon des lignes de circonvallation; elle était de 16,000 hommes : elle y prit position, la droite à la Scarpe, la gauche au Cojeul. Ses flancs étant ainsi parfaitement appuyés à ces deux obstacles naturels, Turenne couvrit son front par de fortes lignes et s'établit à Monchy-le-Preux avec son quartier général. Il aurait pu occuper cette position dès midi, mais, craignant d'y être attaqué immédiatement, il s'arrêta plus loin et n'arriva à la position de Monchy qu'à la chute du jour, afin d'avoir toute la nuit à se retrancher. Ce camp avait une étendue de 2,500 toises; il était à cheval sur la route de Bouchain à Valenciennes. La présence de l'armée donna du courage aux assiégés. Les gouverneurs de toutes les places voisines inondèrent la campagne de détachements pour intercepter les convois des Espagnols et gêner leurs communications. Effectivement, ils ne purent plus recevoir de munitions ni de vivres qu'en employant les chevaux de leur cavalerie et des mulets de bât. Ce grand soin à intercepter tous les convois donna lieu à bon nombre d'escarmouches et d'affaires de cavalerie. Un des convois fut détruit par un accident fortuit : il traversait la plaine de Lens; il était fort de plusieurs centaines de chevaux, chaque cavalier portant en croupe un sac de poudre. Un malheureux cavalier ayant, malgré les défenses, allumé sa pipe, le feu se communiqua : hommes, chevaux, tout périt, hormis trois ou quatre cavaliers estropiés qui furent ramassés par le parti français. Cependant, comme les Espagnols avaient eu le temps d'approvisionner abondamment leur camp, ils n'en continuèrent pas avec moins de vigueur les travaux du siége. Le 14 juillet ils avaient ouvert la tranchée; le gouverneur se défendait avec intrépidité. La cour pressait Turenne d'attaquer les lignes pour dégager la place; mais cette opération n'était pas dans l'opinion de l'armée. Les lignes étaient fortes; elles consistaient dans un fossé perdu, large de 9 pieds, bien palissadé, qui était en avant d'une espèce d'esplanade couverte de douze rangs de trous de loup, derrière laquelle étaient le fossé et les lignes d'un profil ordinaire.

Sur ces entrefaites, Stenay ayant capitulé, l'armée du maréchal d'Hocquincourt arriva le 16 août sous Arras; ce qui, vu les pertes que les assiégeants avaient éprouvées depuis un mois de tranchée ouverte, remit de l'égalité entre les deux armées. Le maréchal d'Hocquincourt s'empara de Saint-Pol, campa le 19 à Aubigny; Turenne se porta à sa rencontre avec 1,500 chevaux. En revenant le même jour dans son camp, il côtoya les lignes espagnoles à portée de mitraille; elles tirèrent, lui tuèrent quelques hommes, ce qui excita des observations de la part des personnes qui l'accompagnaient; à quoi il répondit : «Cette marche serait imprudente, il est vrai, si elle était faite devant le quartier de Condé; mais j'ai intérêt à bien reconnaître la position, et je connais assez le service espagnol pour savoir que, avant que l'archiduc en soit instruit, qu'il en ait fait prévenir le prince de Condé et ait tenu son conseil, je serai rentré dans mon camp.» Voilà qui tient à la partie divine de l'art.

Le 24 août la place était aux abois par défaut de poudre : le maréchal passa la Scarpe après le coucher du soleil avec son armée et celle du maréchal de la Ferté et se réunit au maréchal d'Hocquincourt. Chacune de ces trois armées attaqua un quartier séparé et fit faire, en outre, une fausse attaque sur les quartiers opposés; l'ennemi fut surpris; il ne tira le canon d'alarme que lorsque l'infanterie française, étant à cent pas des lignes, alluma ses mèches de fusil, ce qui produisit une espèce d'illumination sur toute la ligne et démasqua sa marche. L'attaque du maréchal de la Ferté échoua, celle de Turenne réussit : il perça les lignes sur cinq bataillons de hauteur, fit aussitôt combler avec des fascines les fossés, pratiquer des passages pour sa cavalerie. Le prince de Condé, dont le quartier était du côté opposé, accourut avec ses escadrons; à la pointe du jour la position des Français était critique, parce qu'ils s'étaient débandés pour piller les tentes; mais le prince ne fut pas appuyé par l'archiduc, qui battit en retraite. Les Espagnols perdirent tous leurs bagages, soixante-trois pièces de canon et 3 ou 4,000 hommes tués, blessés ou prisonniers; la perte de l'armée française se monta à 400 hommes hors de combat. Cette action militaire éleva au plus haut degré dans l'Europe la réputation du maréchal de Turenne. La cour quitta Péronne et séjourna plusieurs semaines à Arras.

II. Le cardinal retint à la cour les maréchaux d'Hocquincourt et de la Ferté, afin que Turenne restât seul chargé du commandement de l'armée. Celui-ci, le 6 septembre, marcha sur le Quesnoy, s'en empara, et ordonna le rétablissement des fortifications; il occupa un camp en avant de Binch et se porta sur Maubeuge, où il faillit être surpris par le prince de Condé. Arrivé de nuit au camp qu'il avait désigné, ses bagages s'embarrassèrent dans les colonnes, et l'armée passa la nuit en désordre. Quelques jours après il prit position à Cateau-Cambrésis, où il séjourna, prit les deux châteaux d'Anvillers et de Girondelle proche Rocroy, et entra en quartiers d'hiver. Pendant ces trois mois il eut divers petits combats à l'occasion des fourrages; il les faisait soutenir par plus de 1,500 chevaux commandés par un lieutenant général, et, dans quelques occasions, l'escorte fut même de 4,000 hommes de cavalerie, 1,000 hommes d'infanterie et du canon; malgré toutes ces précautions, il perdait toujours quelques hommes. Ce fut dans ces marches et contre-marches qu'il établit un nouvel ordre de service : il y eut trois lieutenants généraux de jour, l'un commandant l'avant-garde, l'autre l'infanterie, et le troisième la cavalerie de l'arrière-garde.

III. *Dix-septième observation.* — 1° Le maréchal a attaqué les lignes des Espagnols de nuit, afin de masquer son mouvement; mais les marches et les opérations de nuit sont si incertaines, que, si elles réussissent quelquefois, elles échouent le plus souvent. Le prince de Condé, qui était au quartier le plus éloigné du point d'attaque, arriva cependant à temps pour tenir les Français en échec; et, si les Espagnols eussent eu son caractère ou se fussent trouvés sous ses ordres, il est douteux que l'issue de l'attaque eût été la même. La principale défense des lignes consiste dans le feu. L'armée de l'archiduc était en supériorité de cavalerie; elle était double de celle de Turenne lors de son arrivée et avant la jonction de la Ferté et d'Hocquincourt. Il n'est pas concevable que l'archiduc n'ait pas attaqué et battu l'armée de Turenne; il espéra prendre la place en sa présence, sans risquer une bataille.

2° Une armée qui assiége une place doit-elle se couvrir par des lignes de circonvallation? Doit-elle attendre dans ses lignes l'attaque d'une armée de secours? Doit-elle se partager en deux armées, l'une chargée du siége et l'autre de le protéger, appelées *armée de siége* et *armée d'observation*? A quelle distance ces deux corps d'armée doivent-ils se tenir l'un de l'autre?

Les Romains et les Grecs, les grands capitaines des xv° et xvi° siècles, le duc de Parme, Spinola, le prince d'Orange, le grand Condé, Turenne, Luxembourg, le prince Eugène, couvraient leurs siéges par des lignes de circonvallation. L'exemple des anciens ne peut être une autorité pour nous; nos armes sont trop différentes des leurs. Celle des grands généraux des xv° et xvi° siècles est plus respectable; cependant les armées menaient alors en campagne peu de canons, on ne connaissait pas l'usage des obusiers.

Les militaires qui ne veulent aucune ligne, point ou très-peu d'ouvrages de campagne, conseillent au général qui doit faire un siége de battre d'abord l'armée ennemie, de se rendre maître de la campagne. Ce conseil est sans doute excellent; mais le siége peut durer quelques mois, et l'ennemi revenir, au moment le plus décisif, au secours de la place. Mais un général peut vouloir s'emparer d'une place forte sans vouloir courir les chances d'une bataille; dans ce cas, quelle conduite doit-il tenir?

Une armée qui veut faire un siége devant une armée ennemie doit être assez forte pour pouvoir contenir l'armée de secours et faire en même temps le siége. Les ingénieurs demandent que le corps d'armée chargé du siége soit sept fois plus nombreux que la garnison : si l'armée de secours est de 80,000 hommes, la garnison de 10,000, il faudrait donc avoir 150,000 hommes pour assiéger une place. Mais, en réduisant la force de l'armée de siége, au minimum, à la force de quatre fois la garnison, il faudrait toujours 120,000 hommes. Si cependant on n'en a que 90,000, l'armée d'observation ne pourra être que de 50,000 hommes; elle ne sera pas alors indépendante, devra se tenir à portée d'être secourue en peu d'heures par l'armée de siége. Mais, si l'on n'a que 80,000 hommes, il ne restera que 40,000 hommes pour l'armée d'observation; il faudra alors qu'elle se tienne au siége, même dans les lignes; elle s'exposerait trop à s'en éloigner.

Les divisions employées aux travaux du siége sont placées autour de la place, chacune d'elles gardant une partie de la circonférence. Vous les camperez, une ligne faisant face à la place, pour contenir les sorties de la garnison, et une autre faisant face à la campagne, pour mieux observer tout ce qui en arrive, intercepter tout ce qui se présenterait pour entrer dans la ville, courriers, convois de vivres ou secours en hommes. Pour remplir ces buts avec plus d'efficacité, il est naturel que les troupes se couvrent par des lignes de contrevallation et de circonvallation; ce qui les occupe peu de jours. Le profil dont se servait Vauban pour les lignes de circonvallation n° 1 est de 2 toises et demie cubes par toise courante, et pour les contrevallations n° 6, de 16; six hommes en huit heures construisent les premières, et trois hommes les deuxièmes en quatre heures; alors seulement toute communication de la campagne avec la place sera impraticable, le blocus sera assuré, toute surprise impossible : l'armée dormira tranquille. Si un détachement de 3,000 à

12,000 hommes, si un corps de 25,000 hommes détaché de l'armée de secours, ou venant de tout autre point, dérobait son mouvement à l'armée d'observation, et se présentait à la pointe du jour, il serait arrêté par les lignes, qu'il ne saurait forcer qu'après les avoir bien reconnues, avoir réuni des fascines, des outils, et fait toutes les dispositions convenables. Mais l'armée de secours elle-même ne peut-elle pas gagner six, neuf ou douze heures sur l'armée d'observation, et se présenter devant la place? Dans tous ces cas, si l'assiégeant n'est pas couvert par des lignes de circonvallation, la place sera secourue, les magasins et le parc d'artillerie de l'assiégeant seront fort en danger, les travaux comblés; et douze heures après, lorsque l'armée d'observation arrivera, il ne sera plus temps, le mal sera fait sans remède. Pour assiéger une place devant une armée ennemie, il faut donc en couvrir le siége par des lignes de circonvallation. Si l'armée est assez forte pour qu'après avoir laissé devant la place un corps quadruple de la garnison elle soit aussi nombreuse que celle de secours, elle peut s'éloigner à plus d'une marche; si elle reste inférieure après ce détachement, elle doit se placer au plus à cinq ou six lieues du siége, afin de pouvoir recevoir des secours dans une nuit. Si les deux armées de siége et d'observation ensemble ne sont qu'égales à celle de secours, l'armée assiégeante doit tout entière rester dans les lignes ou près des lignes, et s'occuper des travaux du siége pour le pousser avec toute l'activité possible.

Au siége d'Arras, l'armée espagnole était de 32,000 hommes, dont 14,000 d'infanterie, 10,000 fusiliers, 4,000 piquiers; elle ne pouvait donc employer que le feu de 10,000 fusiliers pour défendre une ligne de 15,000 toises de pourtour. Cependant l'archiduc continua son siége pendant trente-huit jours, en présence de Turenne, qui était campé à une portée de canon de lui; il a donc eu dix-huit jours pour prendre la place. Supposez qu'il eût négligé de se couvrir, il n'eût pu continuer son siége vingt-quatre heures. Ces retranchements donnèrent donc à l'archiduc la facilité de pouvoir, pendant ces trente-huit jours, continuer la tranchée et battre la place.

En 1708, le prince Eugène assiégea Lille à la vue de l'armée du duc de Bourgogne; ce qui lui eût été impossible sans la protection de ses lignes.

En 1712, il assiégea Landrecies à la vue de l'armée du maréchal de Villars, qui, sentant toute l'importance de ne pas laisser tomber ce boulevard de la France, se présenta plusieurs fois pour forcer sa circonvallation; il ne le jugea pas possible : Eugène continua tranquillement son siége à la vue de Villars. Il avançait, lorsque Villars s'empara de Denain et changea le destin de la guerre. Le prince Eugène faisait arriver tous ses approvisionnements par la Scarpe; ils débarquaient à Marchiennes, place forte dont il fit son dépôt. Mais, au lieu d'approvisionner son camp des dépôts de Marchiennes, par des convois faits une ou deux fois le mois sous l'escorte d'une partie de l'armée commandée à cet effet, il construisit des lignes depuis Marchiennes jusqu'à son camp. C'était une espèce de caponnière de sept lieues de long, que les soldats appelaient *le chemin de Paris*; ces lignes avaient donc quatorze ou quinze lieues de développement. Comme elles passaient l'Escaut à Denain, il y plaça une réserve de vingt-quatre bataillons pour protéger le *chemin de Paris* et tenir en respect la garnison de Valenciennes; ce corps se trouvait ainsi séparé du reste de l'armée par l'Escaut. Il est vrai que cette réserve était couverte par des lignes, mais de peu de conséquence et aussi faibles que celles du *chemin de Paris*. Les communications avaient lieu entre Marchiennes et le camp, tous les jours et sans escorte. Villars, à la petite pointe du jour, le 24 juillet, jeta deux ponts de pontons sur l'Escaut, à une lieue de Denain, traversa les lignes du *chemin de Paris*, qui n'étaient pas défendues et qui étaient sans consistance; il n'éprouva aucune résistance. La réserve autrichienne, presque surprise, mal couverte, attaquée par une armée entière, fut acculée à l'Escaut et posa les armes. Lorsque le prince Eugène arriva à son secours, il s'en trouva séparé par l'Escaut; il fut témoin inutile de la catastrophe de cette partie de son armée. Villars, immédiatement après, fit assiéger Marchiennes par le maréchal de Montesquiou; il protégea ce siége en prenant, avec son armée, position sur la rive gauche de l'Escaut. Le prince Eugène n'avait plus que le parti de marcher sur le corps de Villars, mais pour cela il lui fallait passer l'Escaut. C'était d'ailleurs un grand changement dans l'état des choses, puisque la veille c'était Villars qui devait forcer les lignes de Landrecies, et qu'aujourd'hui c'était au prince Eugène, affaibli de vingt-quatre bataillons par la perte de sa réserve, à attaquer l'armée française postée derrière une rivière et appuyant sa gauche à Valenciennes. Montesquiou prit Marchiennes en quatre jours; il y trouva tous les magasins de l'armée autrichienne et fit 4,000 prisonniers. Eugène leva le siége de Landrecies. Villars, quelques semaines après, assiégea Douai. Le prince Eugène se campa à portée de canon de ses lignes, les jugea inattaquables et s'en éloigna. Si Villars n'en eût pas eu, il eût dû lever le siége.

Le prince fit plusieurs fautes à Landrecies : 1° de prétendre communiquer avec son dépôt de Marchiennes tous les jours, sans escorte, mettant sa confiance dans des lignes si étendues, aussi faibles et si mal gardées; 2° d'avoir placé sa réserve sur la rive gauche de l'Escaut, éloignée de son camp de trois lieues et séparée par cette rivière.

Il eût dû : 1° ne pas faire construire les lignes du *chemin de Paris*, faire sa communication avec Marchiennes par des envois bien escortés; un par mois était suffisant; 2° s'assurer du pont de Denain par un bon ouvrage à l'abri d'un coup de main, camper sa réserve entre cet ouvrage et son camp, sur la droite de l'Escaut, soutenant sa tête de pont; il eût été à portée de la soutenir, et Villars n'eût pas pu se placer le long de l'Escaut pour assiéger Marchiennes.

Le roi de Prusse ne fit pas de lignes de circonvallation devant Olmütz; aussi la place fut-elle secourue en vivres et en troupes; elle recevait toutes les semaines plusieurs fois des nouvelles de Daun.

Lorsque Turenne assiégea Dunkerque, il se couvrit par des lignes de circonvallation; mais, aussitôt qu'il vit l'armée de secours, commandée par don Juan d'Autriche, en position à portée de son camp, il marcha à elle et la battit.

En 1794, si le duc d'York, lorsqu'il assiégea Dunkerque, se fût couvert par une bonne ligne de circonvallation, son armée d'observation n'eût mis aucune importance à ses communications avec Ypres; il eût suffi de les conserver avec le siége, d'autant qu'il était maître de la mer;

il eût eu le temps de prendre la place avant que l'armée française fût en mesure de forcer ses lignes.

En 1797, lorsque les généraux Provera et Hohenzollern se présentèrent pour faire lever le siége de Mantoue, où était enfermé le maréchal Wurmser, ils furent arrêtés par les lignes de circonvallation de Saint-Georges, qui donnèrent le temps à Napoléon d'arriver de Rivoli, de faire échouer leur entreprise et de les obliger à capituler avec leurs troupes.

Doit-on attendre l'attaque de l'armée de secours dans ses lignes de circonvallation? Feuquières dit : «On ne doit jamais attendre son ennemi dans ses lignes de circonvallation, on doit sortir de ses lignes pour attaquer.» Il s'appuie sur l'exemple d'Arras et de Turin. Mais l'armée assiégeante à Arras continua pendant trente-huit jours son siége devant l'armée de Turenne; elle a donc eu trente-huit jours pour prendre cette ville; mais le prince Eugène fut obligé de tourner toutes les lignes de circonvallation qui couvraient le siége, pour attaquer la droite, où le duc de la Feuillade avait négligé d'en faire construire; ce qui prouve le cas que ce grand général faisait de l'obstacle des lignes.

Mais, s'il fallait citer toutes les attaques de lignes qui ont échoué et toutes les places qui ont été prises sous la protection des lignes ou à la vue de leurs secours, ou après que les armées de secours étaient venues les reconnaître, les avaient jugées inattaquables et s'en étaient éloignées, on verrait que le rôle qu'elles ont joué est très-important; c'est un moyen supplémentaire de forces et de protection qui n'est point à dédaigner. Lorsqu'un général a surpris l'investissement d'une place, a gagné sur son adversaire quelques jours, il doit en profiter pour se couvrir par des lignes de circonvallation; dès ce moment il a amélioré sa position et acquis, dans la masse générale des affaires, un nouveau degré de force, un nouvel élément de puissance.

On ne doit pas proscrire le parti d'attendre l'attaque dans les lignes; rien ne peut être absolu dans la guerre. Vos lignes ne peuvent-elles pas être couvertes par des fossés pleins d'eau, par des inondations, des forêts, une rivière, en tout ou en partie? Ne pouvez-vous pas être supérieur à l'armée de secours en infanterie et en artillerie, et fort inférieur en cavalerie? Votre armée ne peut-elle pas être composée de braves gens plus nombreux que ceux de l'armée de secours, mais peu exercés et peu en état de manœuvrer en plaine? Dans tous ces cas, croyez-vous qu'il faille ou lever le siége et abandonner une entreprise sur le point de se terminer en bien, ou courir à votre perte en allant avec ces troupes braves, mais non manœuvrières, affronter en plaine une nombreuse et bonne cavalerie?

Ceux qui proscrivent les lignes de circonvallation et tous les secours que l'art de l'ingénieur peut donner se privent gratuitement d'une force et d'un moyen auxiliaires jamais nuisibles, presque toujours utiles et souvent indispensables. Mais, dit-on, 1° une armée derrière des lignes est gênée dans ses mouvements, tandis qu'en plein champ elle est mobile; 2° la nuit est tout en faveur de l'ennemi qui attaque et qui tient la campagne; 3° cette armée peut porter ses principaux efforts et attaquer où elle veut; 4° elle peut se dégarnir sans crainte; 5° celle de ses attaques qui prospère sépare l'armée assiégeante dans ses lignes sans qu'elle puisse se rejoindre, ce qui la force à la fuite ou à l'abandon de son camp et des lignes, parce qu'elle n'a pas de terrain pour se reformer entre les lignes et la place; 6° l'armée qui attend l'ennemi dans ses lignes peut être attaquée presque toujours par toute la circonférence, elle ne peut avoir aucun flanc en sûreté, et ne peut jamais se trouver en état de résister à l'ennemi qui les a une fois forcées.

Mais est-il donc impossible de tracer des camps, des lignes de circonvallation, de faire des fortifications qui protégent sans avoir aucun de ces inconvénients : 1° qui laissent libre l'armée dans ses mouvements; 2° que l'embarras de la nuit n'en soit un que pour l'attaquant; 3° que, dans quelque point que l'armée soit attaquée, elle se trouve toujours entière. 4° qu'elle puisse prendre l'offensive et donner des craintes à l'ennemi pour les points de son camp où il serait dégarni; 5° que, percée par un point, elle ne se trouve pas pour cela désorganisée ni contrainte à abandonner son camp, son parc et son siége, et se puisse former sans s'apercevoir du peu de profondeur de son camp; 6° qu'enfin, quel que soit le point de la circonférence qui soit percé, cela ne la prive pas de l'avantage d'appuyer ses ailes, ses flancs, de se fermer en ordre et de marcher à l'ennemi encore mal établi?

Le problème peut être résolu. Les principes de la fortification de campagne ont besoin d'être améliorés. Cette partie importante de l'art de la guerre n'a fait aucun progrès depuis les anciens; elle est même aujourd'hui au-dessous de ce qu'elle était il y a deux mille ans. Il faut encourager les ingénieurs à les perfectionner, à porter cette partie de leur art au niveau des autres. Il est plus facile sans doute de proscrire, de condamner avec un ton dogmatique dans le fond de son cabinet; on est sûr d'ailleurs de flatter l'esprit de paresse des troupes. Officiers et soldats ont de la répugnance à manier la pioche et la pelle; ils font donc écho et répètent à l'envi : « Les fortifications de campagne sont plus nuisibles qu'utiles; il n'en faut pas construire. La victoire est à celui qui marche, avance, manœuvre. Il ne faut pas travailler; la guerre n'impose-t-elle pas assez de fatigues? » Discours flatteurs et cependant méprisables.

CHAPITRE X.

CAMPAGNE DE 1655.

I. Manœuvres de Turenne sur les rives de l'Escaut. — II. Observations.

I. L'armée du roi sortit de ses quartiers d'hiver et se réunit au camp de Guise le 10 juin; elle investit Landrecies le 18. L'armée espagnole campa à Vadencourt, près de Guise, pour intercepter les vivres aux assiégeants; mais ils étaient approvisionnés abondamment. Cependant, les partis espagnols inquiétant la cour, qui était à la Fère, elle se retira à Laon. Landrecies ouvrit ses portes après dix-sept jours de tranchée ouverte. L'armée espagnole se retira alors entre Mons et Valenciennes. Le roi se mit à la tête de l'armée; elle descendit la Sambre jusqu'à Bussière, de là rétrograda, traversa Avesnes et investit la Capelle. Enfin, par un troisième contre-mouvement, elle passa la Sambre et arriva à Bavay le 11 août. Elle projetait de passer la Haine, mais l'ennemi avait couvert la rive opposée de retranchements, de Saint-Ghislain à Condé. Turenne proposa de passer l'Escaut au-dessous de Bouchain, et, laissant Valenciennes sur la droite, de marcher sur Condé, où l'armée passerait une seconde fois l'Escaut; elle se trouverait alors sur les derrières de l'ennemi et aurait tourné ses retranchements, qui tomberaient d'eux-mêmes. Ce projet fut suivi. L'armée rétrograda sur Bouchain, passa l'Escaut le 13 à Neuville; les Espagnols suivirent son mouvement. Ils se portèrent sur Valenciennes, passèrent l'Escaut sous cette ville et prirent position, la droite au bois de Saint-Amand, la gauche à la place; ils travaillèrent à rétablir les vieilles lignes du mont Anzin. Turenne marcha à eux par la rive gauche de l'Escaut; à son approche, ils manquèrent de résolution, levèrent leur camp et se retirèrent d'abord sur Condé, puis sur Tournay; leur arrière-garde fut talonnée par le lieutenant général Castelnau. Le roi campa le 16 à Fresnes, près Condé, rétablit les ponts et cerna cette place, qui capitula le 19; sa garnison, forte de 2,000 hommes, rentra à l'armée espagnole. C'était l'usage dans cette guerre que les garnisons ne fussent pas prisonnières de guerre; on leur accordait cette faveur pour accélérer la reddition des places. Ce fut pendant ce siége qu'un fourrage, que commandait le mestre de camp Bussy-Rabutin, avec 1,500 chevaux, s'étant engagé imprudemment à la poursuite de deux escadrons, qui l'attirèrent dans une embuscade, aurait été entièrement détruit, si cette cavalerie n'avait pas eu le sang-froid de regagner en bon ordre un défilé sur les derrières; elle en fut quitte pour la perte d'une centaine d'hommes et d'un étendard.

Le 10 l'armée investit Saint-Ghislain, petite place entre Condé et Mons. Le roi et le cardinal assistèrent à ce siége. Les lignes de circonvallation furent difficiles à établir à cause des eaux. La place fut investie de nuit, de sorte que les quartiers des généraux se trouvèrent avoir été placés sous le canon des remparts; ils durent déloger au jour. Le 25 la place capitula. Pendant ce temps les Espagnols divisèrent leur armée; l'archiduc campa à Notre-Dame de Ham, à Condé, à Tournay; les Lorrains à Ath, le prince de Ligne à Mons. A la fin de novembre les troupes entrèrent en quartiers d'hiver, après avoir, depuis le 14 septembre, occupé divers camps dans le seul but de consommer les fourrages qui se trouvaient dans les environs.

II. *Dix-huitième observation.* — Turenne fut fidèle aux deux maximes:
1° N'attaquez pas de front les positions que vous pouvez obtenir en les tournant.
2° Ne faites pas ce que veut l'ennemi, par la seule raison qu'il le désire; évitez le champ de bataille qu'il a reconnu, étudié, et encore avec plus de soin celui qu'il a fortifié et où il s'est retranché.

Dix-neuvième observation. — Pendant cette campagne, le mestre de camp Bussy, qui commandait l'escorte d'un fourrage de 1,500 hommes de cavalerie d'élite, dépassa un défilé pour fourrager dans une belle plaine; il y fut surpris par un corps de cavalerie triple du sien, et sa troupe aurait été probablement détruite, si les vieux cavaliers, d'un commun accord, ne se fussent écriés : *Au défilé!* En opérant ce mouvement rapidement et de sang-froid, le général sauva sa division. Voilà l'avantage des vieilles bandes: elles prévinrent l'ordre, elles firent la seule chose qui pouvait les sauver.

CHAPITRE XI.

CAMPAGNE DE 1656.

I. L'armée du roi assiége Valenciennes; le prince de Condé force la circonvallation de Valenciennes. — II. Observation.

I. En 1656, don Juan d'Autriche, fils naturel de Philippe IV, prit le commandement de l'armée espagnole. Au commencement de juin, Turenne réunit son armée et investit Valenciennes; le maréchal de la Ferté campa sur le mont Anzin, la Maison du roi et les Lorrains sur le mont Ovy, et l'armée de Turenne du côté du chemin de Mons à Bavay. Le quartier du maréchal de la Ferté était séparé du reste de l'armée par l'Escaut et par de grandes inondations de 1,000 toises de largeur, ce qui avait décidé Turenne à planter un double rang de palissades aux lignes de ce côté; mais la Ferté, à son arrivée, par simple esprit de contradiction, les fit arracher. L'armée espagnole, réunie à Douai, marcha sur Valenciennes, à la fin de juin, pour faire lever le siége; elle s'approcha à une demi-portée de canon des lignes de circonvallation, près du quartier des Lorrains, sa gauche appuyée à l'Escaut, sur lequel elle jeta six ponts, sa droite à un ruisseau, sur lequel elle en jeta un pareil nombre; elle resta ainsi huit jours à se retrancher. Elle était de 20,000 hommes; l'armée royale était plus nombreuse. Malgré la présence de l'ennemi, la tranchée marcha avec activité. Les Espagnols renvoyèrent leurs bagages à Bouchain, passèrent, le 16, l'Escaut à l'entrée de la nuit, et attaquèrent les lignes du maréchal de la Ferté. Ils arrivèrent sur les bords du fossé sans être découverts; ils les abordèrent sur un front de six bataillons, et les enlevèrent sans grande résistance. Turenne accourut avec deux régiments et quatre qui le suivaient; mais il n'était plus temps : l'ennemi avait comblé les lignes, communiqué avec la ville. L'armée du maréchal de la Ferté était dans le plus grand désordre; lui-même avait été pris avec 4,000 hommes et plus de 400 officiers. Marcin, avec 4,000 hommes, avait fait une fausse attaque sur les quartiers de Turenne, mais il avait été vivement repoussé. La moitié des troupes qui se trouvaient à la tranchée furent perdues; elles ne purent l'évacuer à temps. Le siége fut levé. Turenne fit sa retraite sur le Quesnoy, où il prit position. Au moment qu'il quittait ses lignes, il reçut un renfort de 1,500 hommes, et, en arrivant sous le Quesnoy, il fut rejoint par 2,000 hommes. Les opinions étaient fort partagées dans son armée; mais il imposa par sa contenance, et attendit l'ennemi dans son camp, quoiqu'il n'eût pas d'outils pour se retrancher.

L'armée espagnole ne tarda pas à se présenter; elle resta deux jours en position sans oser attaquer. Pendant ce temps 3,000 hommes des restes de l'armée du maréchal de la Ferté qui s'étaient ralliés sur Landrecies joignirent l'armée; les Espagnols levèrent alors leur camp et se portèrent sur Condé. Turenne fit partir 1,000 chevaux ayant chacun un sac de blé en croupe pour ravitailler cette place; cependant elle fut prise.

Après la reddition, Turenne passa l'Escaut et se porta dans les plaines de Lens, voulant attirer la guerre dans l'Artois, où le roi avait un grand nombre de places fortes; l'ennemi l'y suivit quinze jours après. A son approche, il se retira sur Houdain, tirant ses vivres d'Arras et de Béthune; de là il continua son mouvement sur la Bussière, entre Houdain et Béthune, où il avait reconnu une position avantageuse; mais, craignant que l'ennemi, en se portant à Lens, n'interceptât ses communications avec Arras, il revint sur cette ville. L'armée espagnole arriva devant lui et prit position à un quart de lieue. Dans la nuit, Turenne fit élever plusieurs retranchements. La position, l'ordre et la contenance des troupes françaises imposèrent à l'ennemi, qui décampa le lendemain et se retira sur Lens, inquiété par la cavalerie française; de là il alla investir Saint-Ghislain. L'armée française se rapprocha de la Somme, prit la Capelle, fit lever le siége de Saint-Ghislain. Pendant le siége de la Capelle, les Espagnols s'étaient approchés jusqu'à une lieue des lignes de circonvallation, mais n'avaient point osé les attaquer; ils avaient laissé prendre la place à leur vue. L'armée française séjourna dans le Cambrésis jusqu'en novembre, qu'elle repassa la Somme et prit ses quartiers d'hiver.

La bonne contenance du maréchal de Turenne, après les désastres du maréchal de la Ferté aux lignes de Valenciennes, sauva l'honneur des armes françaises. Le roi, pour le récompenser de tant de services, le fit colonel général de la cavalerie, charge qui est restée toujours dans sa maison depuis cette époque.

II. *Vingtième observation.* — 1° L'armée que commandait Turenne était supérieure en nombre et en qualité à l'armée espagnole; comment a-t-il laissé celle-ci s'approcher de ses quartiers à Valenciennes, et n'est-il pas sorti de ses lignes pour la combattre? Ses lignes étaient bien loin de valoir celles d'Arras. La position du maréchal de la Ferté était évidemment en l'air, séparé du reste de l'armée par une rivière et une inondation de 1,000 toises. Cette seule circonstance devait le décider à donner bataille.

2° Mais sa contenance, après cet échec, doit être admirée; il est vrai cependant que le moral de ses troupes, celui des Lorrains et de la Maison du roi, n'étaient en rien affaiblis, puisque cette partie de l'armée n'avait pas combattu; que la déroute du maréchal de la Ferté s'était passée de l'autre côté des marais. Mais ce qui prouve que les éloges qu'on lui prodigua alors étaient mérités, c'est qu'il fut seul de tous ses officiers de l'opinion d'attendre l'ennemi dans la position du Quesnoy. C'est qu'il avait plus de talent qu'eux; c'est que les hommes ne pensent qu'à éviter un danger présent, sans s'embarrasser de l'influence que leur conduite peut avoir sur les événements ultérieurs; c'est que l'impression d'une défaite ne s'efface de l'esprit du commun que graduellement et avec le temps.

Que fût-il arrivé cependant si l'avis de la majorité eût été suivi? 1° Le maréchal n'eût pas été rejoint par les restes de l'armée de la Ferté; 2° une retraite précipitée eût intimidé l'armée française, qui se fût crue très-inférieure à l'ennemi, tandis que celui-ci en serait devenu plus entreprenant.

CHAPITRE XII.
CAMPAGNE DE 1657.

I. Turenne prend Saint-Venant; il fait lever le siége d'Ardres; il s'empare de Mardick. — II. Observation.

I. Pendant l'hiver de 1657, la France et l'Angleterre conclurent contre l'Espagne une ligue offensive et défensive. Cromwell s'engagea à envoyer 6,000 hommes d'infanterie en France, à la condition qu'on assiégerait Dunkerque et qu'on le lui remettrait. Charles II, que la France avait reconnu roi d'Angleterre, et le duc d'York, son frère, qui était lieutenant général au service de France, se retirèrent chez les Espagnols et levèrent quelques régiments irlandais au compte de l'Espagne. Au mois de mai Turenne se mit en campagne. Voyant que les Espagnols dirigeaient leur attention sur les places maritimes, il se porta brusquement sur Cambrai, qu'il investit; mais Condé traversa la Meuse avec toute sa cavalerie, arriva à dix heures du matin à Bouchain, le jour même de l'investissement de Cambrai, s'avança à onze heures du soir sous la place avec 3,000 chevaux, culbuta la cavalerie du roi, et, à la pointe du jour du 31 mai, il entra dans le chemin couvert sous la citadelle, ce qui décida la levée du siége. Le maréchal de la Ferté assiégea et prit Montmédy; les Espagnols firent une inutile tentative sur Calais. Turenne, qui s'était rapproché de la mer, cerna, le 6 août, Saint-Venant, qu'il assiégea. L'armée espagnole quitta son camp de Marienburg, et arriva le 20 août à Calonne, sur la Lys, près Saint-Venant; mais elle ne jugea pas devoir attaquer les lignes françaises, et se porta devant Ardres, qu'elle assiégea. Saint-Venant battit la chamade le 27. Turenne courut aussitôt au secours d'Ardres et fit lever le siége; le 3 octobre il assiégea Mardick, qu'il prit en peu de jours, et que, conformément au traité, il remit aux Anglais. L'armée espagnole campa sous le canon de Dunkerque. En novembre les deux armées entrèrent en quartiers d'hiver; celle de Turenne cantonna dans le Boulonnais.

II. *Vingt et unième observation.* — La conduite du prince de Condé dans cette occasion fut admirée, et cette journée comptée parmi ses plus belles. Si le maréchal eût eu quarante-huit heures devant lui et eût été protégé par ses lignes, la manœuvre de son ennemi eût échoué. Dans le chapitre précédent, nous avons vu que le maréchal de Turenne, assiégeant la Capelle, dut la prise de cette place à ses lignes de circonvallation; car don Juan, s'en étant approché à une portée de canon, les reconnut et n'osa pas les attaquer. Cet exemple fut répété à Saint-Venant : la place fut prise, grâce à sa circonvallation, en présence de l'armée ennemie. Les exemples de cette espèce peuvent se compter par milliers, dans les XVe et XVIe siècles, chez toutes les nations européennes, et cependant on demande à quoi servent les lignes de circonvallation! On les a discréditées; il est posé en principe qu'il n'en faut pas élever!

CHAPITRE XIII.

CAMPAGNE DE 1658.

I. Siège de Dunkerque. — II. Bataille des Dunes (14 juin). — III. Marches et manœuvres pendant le reste de la campagne. — IV. Observations.

I. Pendant l'hiver, le maréchal d'Hocquincourt trahit son roi et sa patrie : sur les prétextes les plus frivoles, il passa à l'ennemi. Le siége de Dunkerque avait été résolu par les cours de Paris et de Londres; les bourgeois lâchèrent les écluses : tout le pays jusqu'à Bergues ne fut plus qu'un lac. La garnison était de 3,000 hommes d'élite. Turenne se porta d'abord devant Cassel, passa la Lys à Saint-Venant, s'approcha de la Colme, la passa sans obstacle et s'avança sur Dunkerque, en traversant l'inondation par un grand nombre de fascines, de claies et de planches. L'inondation était peu profonde; l'infanterie la traversa les armes hautes, n'ayant de l'eau que jusqu'à la ceinture. Ce siége fut d'autant plus difficile qu'il n'y avait aucun bois autour de la ville; mais l'escadre anglaise, qui croisait dans la rade, transporta par mer tout ce qui était nécessaire. Turenne n'oublia pas d'établir des lignes de circonvallation et de contrevallation qui, à l'est et à l'ouest, s'appuyaient à la mer. Le plus difficile était de fermer l'estran; il y établit une estacade, derrière laquelle il plaça des chaloupes canonnières. Ces travaux étaient achevés quand l'amiral anglais débarqua 6,000 Anglais, qui formèrent la brigade de Morgan, officier de réputation. L'armée française recevait tous les jours des renforts. La tranchée fut ouverte par deux attaques, l'une faite par les Français, l'autre par les Anglais.

Ces nouvelles se succédèrent rapidement à Bruxelles, et remplirent d'étonnement la cour de l'archiduc. Dunkerque était pour l'Espagne d'une haute importance; il résolut de tout risquer pour sauver cette place. Son armée se réunit le 10 juin à Ypres, et le 13 parut à la vue de Dunkerque. Elle prit position sur les dunes, à une lieue des lignes de l'assiégeant, la droite à la mer, la gauche au canal de Furnes. Elle comptait tellement que sa seule présence dégagerait la place, qu'elle se présenta sans artillerie et sans outils pour se retrancher, son parc ayant éprouvé quelques retards dans sa marche. Le maréchal d'Hocquincourt, ayant été reconnaître les lignes françaises, fut tué dans une escarmouche : digne punition de son crime.

II. Le 14 juin, à la pointe du jour, Turenne mit son armée en bataille hors des lignes; la gauche, formée par les Anglais, s'appuya à la mer; la droite, commandée par le marquis de Créqui, s'appuya au canal de Furnes. Il rangea l'armée sur trois lignes : la première, de dix bataillons et vingt-huit escadrons, dont quatorze à l'aile gauche et quatorze à la droite, l'artillerie en tête; la deuxième, de six bataillons et vingt escadrons, dont dix à la droite, dix à la gauche; et la troisième, en réserve, de dix escadrons. L'armée, rangée ainsi, occupait une lieue. Plusieurs frégates et chaloupes armées, anglaises, longèrent la côte et inquiétèrent le flanc des Espagnols. L'armée de Turenne était en tout de 15,000 hommes, dont 6,000 de cavalerie; l'armée espagnole était de 14,000 hommes, dont 8,000 chevaux. Don Juan se plaça à la droite, le prince de Condé à la gauche; toute l'infanterie, composée de quinze bataillons, se mit sur une seule ligne; la cavalerie de la droite se rangea sur deux lignes derrière l'infanterie; celle de gauche sur six lignes, disposition nécessitée par le terrain. Cette armée n'avait pas d'artillerie; sa droite fut rompue par les Anglais. Le prince de Condé fit plus de résistance à la gauche; un moment même il menaça de pénétrer dans la place, et courut personnellement beaucoup de dangers; mais enfin il fut rompu, et la victoire des Français complète. Les fuyards furent poursuivis jusque sur les remparts de Furnes. L'armée française fit 4,000 prisonniers; sa perte fut légère. Turenne rentra dans ses lignes, poussa vivement le siége. Le 24 juin la place se rendit : c'était dix jours après la bataille et après dix-huit jours de tranchée ouverte. Turenne cerna aussitôt Bergues, qui, après quelques jours de siége, demanda à capituler; mais, comme il ne voulut point accorder à la garnison de rentrer à son armée, elle se débanda et une grande partie se sauva au travers des marais. L'armée française entra dans la place.

III. Les Espagnols tinrent conseil à Nieuport; don Juan proposa de placer l'armée le long du canal entre Nieuport et Dixmuiden, pour en disputer le passage; d'autres furent d'avis de disloquer l'infanterie dans les places et de traîner la guerre en longueur. Ce projet fut adopté; le prince de Condé se jeta dans Ostende, le marquis de Caracena dans Nieuport, don Juan dans Bruges, et le prince de Ligne dans Ypres. Turenne s'empara le 3 juillet de Furnes, qui ne fit pas de résistance. De là il se porta devant Dixmuiden : les Espagnols travaillaient depuis dix jours à en réparer les fortifications; cependant la place se rendit le 6 juillet. Ces succès furent suspendus pendant quelques jours par une maladie dangereuse qui menaça les jours du roi, qui alors se trouvait à Calais. Ce délai fut très-favorable aux Espagnols. Le 4 août le maréchal de la Ferté assiégea Gravelines; Turenne en couvrit le siège, qui dura vingt-six jours. Après la chute de cette place, il prit Oudenarde. A ce siège il ne fit pas de lignes; il est vrai qu'il n'en méritait pas : Oudenarde ne résista que quarante-huit heures.

La saison n'était pas encore trop avancée; on croyait que l'armée marcherait sur Bruxelles; mais Turenne préféra se rapprocher des villes maritimes. Il se porta sur Menin, tailla en pièces un détachement de 2,000 hommes que commandait le prince de Ligne devant Ypres, dont il se saisit, ainsi que d'un bon nombre d'autres places; et, après avoir conquis tout le pays entre la Lys et l'Escaut, il laissa 5,000 hommes d'infanterie en garnison dans les places prises, et ramena son armée en France, où il prit ses quartiers d'hiver.

La paix des Pyrénées ne fut signée que le 7 novembre 1659; mais elle fut précédée d'une trêve entre les deux couronnes, qui fut signée dès le commencement de l'année. Cette paix mit fin à une guerre qui durait depuis vingt-quatre ans. L'Alsace, le Roussillon, l'Artois, furent définitivement cédés à la France.

IV. *Vingt-deuxième observation.* — 1° La bataille des Dunes est l'action la plus brillante de Turenne. Il avait trois grands avantages : 1° la supériorité du nombre, 15,000 hommes sur le champ de bataille contre 14,000; 9,000 hommes d'infanterie contre 6,000 et un terrain peu propre à la cavalerie, ce qui rendit inutile la supériorité des Espagnols en cavalerie; 2° il avait de l'artillerie et son ennemi n'en avait pas; 3° les bâtiments anglais qui mouillaient dans la rade canonnèrent le flanc droit des Espagnols, et balayèrent l'estran avec d'autant plus d'effet que don Juan n'avait pas de canon pour tenir éloignées les chaloupes anglaises. Turenne fut et devait être vainqueur.

2° Son ordre de bataille était parallèle; il n'a fait ni manœuvre ni rien qui soit hors de la marche ordinaire. Aussitôt qu'il fut instruit que l'ennemi s'approchait des lignes, il prit la résolution de l'attaquer avant de savoir qu'il arrivait sans artillerie; ce qui lui était arrivé à Valenciennes lui avait profité. Décidé à attaquer, il ne dut pas retarder d'un seul jour, pour ne pas laisser aux Espagnols le temps de se retrancher.

3° Don Juan a bien mérité sa défaite, pour s'être avancé à la vue de Turenne sans artillerie ni outils pour se retrancher. Ce n'est pas avec cette coupable négligence que Turenne s'était présenté devant les lignes d'Arras. Il eût pu prendre la position de Monchy dès dix heures du matin; il s'en garda bien; il resta toute la journée derrière un ruisseau, et, à la fin du jour, il prit sa position : il eut ainsi toute la nuit pour se retrancher.

Vingt-troisième observation. — Après la prise de Dunkerque et une victoire aussi éclatante que celle des Dunes, la jonction du maréchal de la Ferté, qui venait de prendre Montmédy, enfin l'avantage inappréciable d'être maître de la mer, Turenne pouvait faire plus qu'il n'a fait : il devait frapper un grand coup, prendre Bruxelles; ce qui eût donné une tout autre illustration aux armes françaises, et accéléré la conclusion de la paix; un événement de cette importance eût fait tomber toutes les petites places. Il a violé cette règle qui dit : Profitez des faveurs de la fortune lorsque ses caprices sont pour vous : craignez qu'elle ne change, de dépit : elle est femme.

Vingt-quatrième observation. — La conduite de la garnison espagnole de Bergues est remarquable. L'assiégeant refuse de la laisser sortir de la place avec ses armes sans être prisonnière de guerre ; elle se disloque, chacun se sauve pour son compte au milieu des marais ; les cinq sixièmes rejoignent leur armée. Pourquoi a-t-on perdu de vue ces belles résolutions ? Les clefs d'une place valent toujours bien la liberté de sa garnison lorsqu'elle est résolue de n'en sortir que libre.

CHAPITRE XIV.

CAMPAGNE DE 1667.

I. Le roi recommence la guerre; il entre en Belgique ayant Turenne sous ses ordres; il prend Lille, Douai, Oudenarde. — II. Observation.

I. La mort de Philippe IV mit un terme à la paix des Pyrénées. Louis XIV prétendit avoir des droits sur la Belgique. Après de longues et infructueuses négociations, il se décida à la guerre, et réunit, en avril 1667, une armée de 35,000 hommes, dont 10,000 de cavalerie; il en donna le commandement à Turenne et se rendit lui-même à Amiens pour se mettre à la tête de ses troupes, déclarant la reine régente. Il divisa son armée en trois corps : le corps de bataille, composé des principales forces, avec lequel il marcha, se porta sur Charleroi; le corps d'observation de la droite, commandé par le marquis de Créqui, se dirigea sur Luxembourg; et le corps d'observation de la gauche, sous le maréchal d'Aumont, marcha en longeant la mer. Le roi s'empara sans coup férir de Douai, d'Oudenarde et autres petites places, et mit le siége devant Lille; le maréchal d'Aumont s'empara de Bergues, de Furnes, d'Armentières et de Courtray. Lille était une place très-forte, elle avait 6,000 hommes d'élite de garnison; les habitants, très-affectionnés à l'Espagne, comptaient 20,000 hommes en état de porter les armes. La place fut investie en août, les lignes de circonvallation furent aussitôt élevées; elles étaient très-étendues, ce qui décida le roi à rappeler le corps du marquis de Créqui. Le 28 août la garnison capitula après dix jours de tranchée ouverte; elle était réduite à 2,400 hommes; elle fut renvoyée à Ypres. Cependant le prince de Ligne et le comte de Marcin s'étaient avancés pour la secourir; le roi les attaqua, leur fit 1,500 prisonniers, leur prit cinq étendards et cinq paires de timbales. Les plénipotentiaires étaient réunis à Aix-la-Chapelle; ils signèrent la paix, ce qui mit un un terme à la guerre.

II. *Vingt-cinquième observation.* — Les armées de ce temps étaient composées au moins la moitié de cavalerie; elles avaient peu d'artillerie, une pièce et demie par 1,000 hommes. L'infanterie était placée sur quatre rangs, le quatrième était armé de piques.

Aujourd'hui une armée a les quatre cinquièmes en infanterie, un cinquième au plus en cavalerie, quatre pièces de canon par 1,000 hommes, dont un quart en obusiers; l'infanterie se place sur trois rangs; les piques, les espontons sont supprimés. Le feu du troisième rang est reconnu très-imparfait et même nuisible à celui des deux premiers; on a prescrit au premier rang de mettre le genou en terre dans les feux de bataillon, et, dans les feux à volonté, le troisième rang charge les fusils du deuxième. Cet ordre est mauvais: l'infanterie ne doit se ranger que sur deux rangs, parce que le fusil ne permet de tirer que sur cet ordre; il faudrait que cette arme eût six pieds de long et pût se charger par la culasse, pour que le troisième rang pût faire un feu avantageux. En rangeant l'infanterie sur deux rangs, il faut lui donner un rang de serre-files d'un neuvième, ou un par toise, et en deux lignes; à 12 toises derrière les flancs placer une réserve.

C'est Vauban qui a fait supprimer les piques comme inutiles: toute l'Europe, plus ou moins tard, a imité ce changement avec raison: c'est le feu qui est le moyen principal des modernes.

CHAPITRE XV.

CAMPAGNE DE 1672.

I. Campagne de Hollande; passage du Rhin. — II. Marches et manœuvres pour protéger l'évêché de Münster et l'électorat de Cologne, et couvrir l'Alsace. — III. Observations.

I. La Hollande était arrivée au plus degré de prospérité; maîtresse du commerce des Indes, elle avait plus de douze cents navires de haut bord; Amsterdam était le magasin du monde et le centre du commerce. Elle conclut avec l'Angleterre et la Suède le traité de la *triple alliance*, dirigé contre la France, et négocia dans toutes les cours de l'Europe pour étendre cette ligue. Après de longues négociations, la France conjura cet orage; elle parvint à détacher l'Angleterre et la Suède de la triple alliance et à s'allier avec l'évêque de Münster et l'électeur de Cologne, ennemis de la Hollande; elle s'assura de la neutralité de l'Autriche et de la Suède, et, de concert avec l'Angleterre, déclara la guerre à la Hollande. Dans le courant d'avril 1672, le roi se rendit à Charleroi; son armée, forte de 110,000 hommes, était réunie sur la Sambre. Le duc de Luxembourg fut détaché avec un corps d'armée pour se porter en Westphalie, s'y réunir aux troupes de l'évêque de Münster et attaquer l'Ost-Frise; 30,000 hommes furent mis sous les ordres du prince de Condé; le reste de l'armée fut commandé par Turenne, sous les ordres immédiats du roi.

A l'aspect de cet orage qui menaçait la république, les partis s'agitèrent violemment; les Orangistes l'emportèrent, et le prince d'Orange fut proclamé capitaine général et grand amiral. Il équipa une flotte de soixante et douze vaisseaux de haut bord, qu'il confia à Ruyter; il leva des corps nombreux de milice, dont il garnit les places fortes, et réunit une armée active de 25,000 hommes. L'Espagne lui envoya un secours de 6,000 hommes d'infanterie, qui débarquèrent à Ostende. Un corps de cavalerie espagnole entra dans Maestricht; ce qui porta la garnison à 12,000 hommes.

Turenne ne fut pas d'opinion de perdre son temps au siége de cette place, mais de la négliger et de marcher sur le bas Rhin, en remontant la rive gauche par les états de l'électeur de Cologne. Ce plan adopté, il partit avec 20,000 hommes, cerna la petite ville de Maaseyk, ce qui coupait les communications de Maestricht avec la Hollande, et y laissa 5,000 hommes pour contenir les 12,000 de la garnison de Maestricht. Le prince de Condé passa le Rhin; le roi et Turenne le descendirent par la rive gauche; les places de l'électeur de Cologne ouvrirent leurs portes à l'armée française. Au commencement de juin, Wesel, Büderich, Rheinberg, furent investis et se rendirent en peu de jours. Le prince de Condé assiégea et prit Emmerich. Le prince d'Orange s'établit sur l'Yssel; la saison était très-sèche, les eaux du Rhin très-basses; au point où l'Yssel se sépare du Rhin, et après qu'il s'est appauvri du Waal, vis-à-vis le fort de Tolhus, il y avait un gué praticable : le prince de Condé le passa avec sa cavalerie, culbuta les troupes hollandaises qui défendaient la rive gauche. Le lendemain, l'armée passa sur un pont. Condé, blessé d'un coup de feu à la main, quitta le commandement. Le roi, avec le gros de l'armée, se porta sur l'Yssel vis-à-vis Doesburg; Turenne, en peu de semaines, s'empara de tout le pays jusqu'à Naarden et Utrecht; le duc de Luxembourg occupa toute la Frise; Groningen, Deventer, Zwolle tombèrent en son pouvoir. Amsterdam s'entoura d'inondations; elle trouva son salut sous les eaux. Le prince d'Orange couvrit aussi longtemps qu'il le put la position importante d'Utrecht, mais enfin il fut contraint de la céder. Le 5 juillet le roi y fit son entrée.

Cependant ces conquêtes inouïes portèrent l'alarme à la cour de Londres et en Allemagne; le roi d'Angleterre envoya des plénipotentiaires au camp de Louis XIV, et, de concert avec des plénipotentiaires français, ils offrirent la paix à la république. Les conditions étaient : le payement d'un subside à la France et à l'Angleterre pour le remboursement des frais de la guerre; la reconnaissance du salut, comme du pavillon anglais, et la cession à la France des places qu'elle avait prises sur la Meuse. La république refusa ces propositions. L'Angleterre continua à faire cause commune avec la France.

II. Le roi quitta l'armée le 12 juillet, pour rentrer dans sa capitale, et en laissa le commandement à Turenne. Peu de jours après, une furieuse insurrection éclata à la Haye; le peuple massacra le grand pensionnaire de Witt et son frère; le prince d'Orange fut déclaré stathouder. Cependant l'empereur, l'électeur de Brandebnrg et plusieurs princes d'Allemagne, alarmés des progrès des armées françaises et des dangers qui menaçaient la Hollande, coururent aux armes. Montecuccoli et le duc de Bournonville partirent d'Egra, à la fin d'août, à la tête de 18,000 hommes, dont 6,000 de cavalerie, et campèrent à Erfurt le 13 septembre; l'électeur de Brandeburg, surnommé *le grand électeur*, partit de Potsdam et arriva dans le même temps à Lippstadt. Les deux armées se réunirent à Mülhausen en Thuringe, à neuf lieues du Weser; elles montaient ensemble à 40,000 hommes. Turenne, pénétré de l'importance de soutenir, pour l'honneur des armes du roi, l'évêque de Münster et l'électeur de Cologne, quitta la Hollande avec 12,000 hommes, remonta le Rhin jusqu'à Wesel, mit garnison dans cette place, ainsi qu'à Emmerich, à Rees et à Neuss, et, le 10 septembre, entra dans le pays de Münster. Peu de jours après, il reçut un renfort de 4,000 hommes; ce qui, joint aux troupes de Münster et de Cologne, lui forma une armée égale à l'armée impériale qui marchait vers le Rhin, paraissant vouloir porter la guerre sur la rive gauche de ce fleuve. Le prince de Condé, avec 18,000 hommes, était en Alsace, et le duc de Duras sur la Meuse, avec un corps d'observation. Turenne remonta le Rhin, traversa le duché de Berg et se porta sur la Lahn. L'ennemi s'était avancé sur le Main. Les deux armées restèrent en présence jusqu'au 12 octobre, où les impériaux prirent position sur la rive gauche de la Lahn; le grand électeur mit son quartier à Giessen, où il fut joint par le duc de Lorraine. Turenne se décida à repasser le Rhin à Andernach et étendit son armée dans l'électorat de Trèves, qui secrètement était allié de l'empereur, et il le mit à contribution. Montecuccoli, étant tombé malade dès le commencement de la campagne, était retourné à Vienne; le grand électeur commandait l'armée. Il parut d'abord vouloir pénétrer sur la rive gauche du Rhin par le pont de Coblenz, que l'électeur de Trèves lui avait livré. Peu après il changea de démonstration et se dirigea sur le pont de Mayence; mais le passage lui fut refusé. Le prince avait, ainsi que l'électeur palatin, adopté le système de neutralité. Le grand électeur se porta alors à marches forcées sur Strasbourg; Condé le prévint, lança quelques barques chargées d'artifices sous le pont et le brûla. Enfin, le 3 novembre, le grand électeur jeta un pont à une portée de canon au-dessous de Mayence, passa sur la rive gauche et pénétra dans le pays de Luxembourg. Turenne, manœuvrant sur ses communications, le décida à repasser le Rhin.

Tant de marches et de contre-marches n'eurent d'autre résultat que de ruiner les électorats de Mayence, de Trèves et le Palatinat; ce qui excita les plus vives réclamations de ces princes. Ainsi se termina la campagne de 1672.

La France protégea ses alliés, l'électeur de Cologne et l'évêque de Münster, défendit l'Alsace et la rive gauche du Rhin.

III. *Vingt-sixième observation.* — Louis XIV entra en campagne avec 100,000 hommes, les trois quarts en infanterie, ayant un équipage de siége et de campagne; cela forme une nouvelle ère de l'art militaire.

1° La Hollande n'avait pour sa défense que des milices et 25,000 hommes de troupes de ligne; comment eût-elle pu faire tête à 130,000 hommes? L'électeur de Cologne et l'évêque de Münster faisaient cause commune avec la France.

2° Le passage du Rhin est une opération militaire du quatrième ordre, puisque dans cet endroit le fleuve est guéable, appauvri par le Waal, et n'était d'ailleurs défendu que par une poignée d'hommes.

3° L'armée a pris soixante places en peu de temps; mais *à vaincre sans péril on triomphe sans gloire*; ces places n'avaient pour garnison que des milices à peine armées.

4° Maître d'Utrecht, de Naarden, on pouvait s'emparer d'Amsterdam, ce qui eût terminé la guerre; on ne sut pas profiter des circonstances.

5° Louvois voulut renvoyer 20,000 prisonniers, qui furent aussitôt réarmés et accrurent l'armée du prince d'Orange.

6° Il fit disséminer l'armée dans cinquante places fortes; ce qui l'affaiblit au point qu'elle ne put plus rien faire. Il fallait démolir quarante-cinq de ces places, en transporter toute l'artillerie en France et en garder quatre ou cinq pour servir aux communications de l'armée.

7° Turenne avait la principale confiance du roi; on doit lui attribuer ces fautes. On ne voit pas qu'il ait insisté avec force et publiquement pour empêcher qu'on les commît. Il eût pu entrer à Amsterdam le jour même où ses troupes entraient à Naarden.

Louis XIV fut un grand roi : c'est lui qui a élevé la France au premier rang des nations de l'Europe; c'est lui qui, le premier, a eu 400,000 hommes sur pied et cent vaisseaux en mer; il a accru la France de la Franche-Comté, du Roussillon, de la Flandre; il a mis un de ses enfants sur le trône d'Espagne. Mais la révocation de l'édit de Nantes, mais les dragonnades, mais la bulle *Unigenitus*, mais les 200 millions de dettes, mais Versailles, mais Marly, ce favori sans mérite! mais Mme de Maintenon, Villeroi, Tallard, Marcin, etc, etc.! Eh! le soleil n'a-t-il pas lui-même des taches? Depuis Charlemagne, quel est le roi de France qu'on puisse comparer à Louis XIV sur toutes les faces?

Vingt-septième observation. — La marche de Turenne sur la rive droite du Rhin pour soutenir les alliés du roi est à la fois politique et militaire; il fut insensible aux murmures de son armée. Les soldats virent avec peine une campagne d'hiver dans un pays éloigné, dans le temps qu'ils soupiraient pour leurs quartiers d'hiver. Ses marches, des portes d'Amsterdam à celles de Münster, de Cologne, de Trèves, sont rapides et dignes d'être remarquées.

CHAPITRE XVI.
CAMPAGNE DE 1673.

I. Campagne d'hiver; Turenne prend Unna, fait lever le siége de Soest, passe le Weser, oblige le grand électeur à signer la paix en avril. — II. Marches et manœuvres pendant juin, juillet, août, septembre, octobre, etc. — III. Montecuccoli dérobe ses mouvements à Turenne; il se réunit à Bonn avec le prince d'Orange. — IV. Observations.

I. Le grand électeur repassa sur la rive droite du Rhin, marchant sur Wetzlar, y laissa un corps d'observation et divisa son armée en trois corps, qui, par trois directions différentes, se dirigèrent sur la Westphalie, et il assiégea Werl; mais le marquis de Rennel, commandant les troupes de l'électeur de Cologne, lui fit lever ce siége, lui tendit une embuscade, le battit et lui prit une division; ce qui le décida à réunir son armée à Lippstadt. A ces nouvelles, Turenne passa le Rhin vis-à-vis de Wesel, courut au secours de l'évêque de Münster, se joignit aux deux armées de Cologne et de Münster. Le grand électeur, dont l'armée était réduite à 20,000 hommes et trente pièces de canon, marcha sur Soest, qu'il investit le 4 février. Turenne, avec les armées de France, de Münster et de Cologne, investit Unna, qui capitula le 5 février; il marcha alors sur le grand électeur; mais celui-ci leva son camp et abandonna une partie de son artillerie de siége. Turenne entra triomphant dans Soest le 25 février. Les soldats prussiens et autrichiens étaient fort animés les uns contre les autres et se battaient souvent; ce qui, joint à la rapidité des mouvements de Turenne, décida les généraux allemands à disloquer leur armée. Cependant, malgré les neiges, les glaces et la rigueur de la saison, Turenne suivit l'armée prussienne, s'empara de toutes les places du grand électeur en Westphalie, fit investir Lippstadt et Menden par les troupes de Münster, passa le Weser sur le pont de pierre de la ville de Hœxter. Les ducs de Brunswick avaient réuni 12,000 hommes pour faire respecter leur neutralité; l'armée impériale s'était retirée en Franconie, celle du grand électeur dans la principauté de Halberstadt; de sa personne, ce prince avait repassé l'Elbe et était rentré dans sa capitale. Turenne revint dans le comté de la Mark, et établit son quartier général à Soest. Il abandonna à ses troupes les pays du grand électeur situés en Westphalie; elles s'y enrichirent. Tout cela décida le grand électeur à demander la paix : elle fut signée le 10 avril.

II. Ainsi débarrassé des Prussiens, Turenne se porta en Thuringe pour attaquer les Autrichiens, qui se réunissaient en Bohême et menaçaient de se porter sur le Rhin. Le 1er juin il campa à Wetzlar et prit position sur la rive droite de la Lahn.

Dans ce temps, Louis XIV cernait Maestricht, qui capitula le 23 juin. Le prince de Condé voulut assiéger Bois-le-Duc, mais, les Hollandais ayant inondé tout le pays jusqu'à Berg-op-Zoom, il fut obligé de lever le siége. L'Angleterre, l'Espagne, l'empereur, signèrent à la Haye un traité d'alliance avec la Hollande. Montecuccoli partit d'Egra le 26 août, et entra en Franconie. Turenne, à la tête de 20,000 hommes, se porta sur le Main à Aschaffenburg et s'empara de tous les ponts sur cette rivière jusqu'à Würzburg, que le prince-évêque se chargea de garder. L'armée de Montecuccoli s'était accrue jusqu'à 40,000 hommes par la jonction des armées saxonne et lorraine. Turenne, après l'avoir attendu longtemps dans son camp d'Aschaffenburg, marcha à sa rencontre, passa la Tauber à Mergentheim et s'approcha de l'armée autrichienne, campée à Rothenburg. Montecuccoli feignit d'accepter la bataille pour couvrir sa retraite, et campa derrière des marais entre Würzburg et Ochsenfurt. Turenne prit la position de la Chartreuse de Tückelhausen; les deux armées restèrent en présence pendant quinze jours. Montecuccoli gagna le prince-évêque, passa le pont de Würzburg. Toutes les manœuvres de Turenne furent déjouées; il descendit alors la rive du Main. Dans le courant d'octobre, il reçut un renfort de 4,000 hommes.

III. La déclaration de guerre changea le théâtre de la guerre, qui, de la Hollande, fut porté en Belgique. Le prince d'Orange avec 25,000 hommes remonta la rive gauche du Rhin jusqu'à Bonn, qu'il investit. Montecuccoli longea la rive droite du Main, se porta sur Mayence, où il passa le Rhin, faisant mine de vouloir se porter en Alsace par la rive gauche. Turenne prit le change et se dirigea en toute hâte sur Philippsburg; mais Montecuccoli embarqua sans délai son infanterie sur le Rhin, qu'il descendit jusqu'à Cologne, se réunit au prince d'Orange; ils poussèrent vivement le siège de Bonn. Turenne, fort humilié de s'être laissé tromper, descendit le Rhin et traversa le Hundsrück; mais déjà Bonn avait capitulé après neuf jours de tranchée ouverte. De part et d'autre les armées entrèrent en quartiers d'hiver : les Français en Alsace, l'ennemi dans le Palatinat et l'électorat de Mayence.

IV. *Vingt-huitième observation.* — Le maréchal fait dans cette campagne des marches plus longues que celles de la campagne précédente. Pendant l'hiver de 1672 à 1673, il va du bas Rhin au Weser, bravant les frimas des régions septentrionales. 1° Il sauve l'électeur de Cologne et l'évêque de Münster, alliés du roi; 2° il bat l'armée prussienne et contraint le grand électeur à se détacher de l'empereur et à faire sa paix. C'est bien employer son temps et tirer bon parti de marches forcées et fatigantes.

Vingt-neuvième observation. — Montecuccoli a joué Turenne, lui a donné le change; il s'est débarrassé de lui; il l'a fait marcher en Alsace pendant qu'il se portait à Cologne et se joignait au prince d'Orange, qui assiégeait et prenait Bonn. La conduite de Turenne dans cette occasion lui a été reprochée. 1° Il a manœuvré trop loin de son ennemi. 2° Il n'a pas agi d'après ce que Montecuccoli faisait, mais il a, sans motif, prêté à son ennemi le dessein de se porter en France; cependant la Hollande était le centre des opérations de la guerre. Toutefois Turenne savait, mieux que personne, que la guerre n'était pas un art conjectural; il devait régler ses mouvements sur ceux de son adversaire et non sur son idée. 3° Montecuccoli eût été isolé en Alsace; il eût eu à combattre les armées de Condé et de Turenne réunies, tandis que, sous Bonn, il se trouvait arrivé au grand rendez-vous où devait se décider la grande question. Réuni à l'armée hollandaise, éloigné de l'armée de Condé, il couvrit la Hollande et la Belgique; c'est cette marche qui a fait la réputation de Montecuccoli. Cette faute de Turenne fut un nuage pour sa gloire; c'est la plus grande faute qu'ait commise ce grand capitaine.

Montecuccoli était Italien, natif de Modène; les Caprara de Bologne sont de cette famille.

CHAPITRE XVII.

CAMPAGNE DE 1674.

I. Turenne passe sur la rive droite du Rhin; combat de Sinsheim (16 juin). — II. Bataille d'Entzheim (4 octobre).— III. Turenne évacue l'Alsace et repasse les Vosges.— IV. Combat de Turckheim (5 janvier); conquête de l'Alsace. — V. Observations.

I. Cette année, tous les princes de l'empire qui étaient restés neutres firent cause commune avec l'empereur; l'électeur de Cologne et l'évêque de Münster se détachèrent de l'alliance du roi et joignirent leurs troupes à l'armée impériale. La Bavière et le duc de Hanovre furent les seuls princes allemands qui persistèrent dans le système de la neutralité. Le roi entra en Franche-Comté en avril, et s'en empara; le prince de Condé porta la guerre en Belgique; le maréchal de Schomberg commanda l'armée sur les Pyrénées, et Turenne l'armée d'Allemagne. Le duc de Lorraine, dont l'armée était réduite à 2,000 chevaux, se porta sur les villes forestières, voulant passer le Rhin pour pénétrer en Lorraine, mais il échoua; alors il remonta la rive droite et joignit l'armée du comte Caprara, sur le Neckar. Turenne campa à Hochfelden, près de Saverne; il y apprit que le duc de Bournonville réunissait une armée à Egra pour renforcer le comte Caprara. Il résolut de prévenir leur jonction, passa le Rhin à Philippsburg, le 12 juin, avec 9,000 hommes et six pièces de canon, arriva le 15 à Wiesloch; le 16 il continua sa marche sur Eppingen; mais, arrivé à Hoffheim, il découvrit l'armée impériale sur les hauteurs de Sinsheim, petite ville située sur l'Elsenz, à mi-marche du Neckar à Philippsburg. Les deux armées étaient égales en nombre : celle de Turenne avait 9,000 hommes, dont 5,000 chevaux; celle du comte Caprara était de 9,000 hommes, dont 7,000 chevaux. Turenne fit attaquer Sinsheim par son infanterie; sa grande supériorité en cette arme lui fit enlever ce poste, qui opposa une grande résistance. Il passa le défilé, attaqua la cavalerie ennemie, marchant sur plusieurs lignes, ses escadrons entremêlés de petits bataillons d'infanterie. Caprara fut battu et perdit le champ de bataille; sa perte fut de 2,500 hommes, dont 500 prisonniers. La perte des Français s'éleva à 1,500 hommes hors de combat.

II. Quelques jours après cette victoire, Turenne repassa le Rhin, campa à Neustadt, où il reçut seize bataillons et 600 chevaux; ce qui porta son armée à 18,000 hommes. Le 3 juillet il repassa le Rhin, laissant Heidelberg à sa droite, et se porta à Wieblingen, sur le Neckar. Pendant ce temps, le duc de Bournonville joignit les restes de Caprara à Worms, ce qui lui composa 15,000 hommes, et il se porta sur Manheim; mais il battit en retraite, pour éviter la bataille, à la vue de Turenne, qui, maître de tout le Palatinat, mit le feu à deux villes et vingt-cinq villages. Cet incendie était ordonné par Louis XIV. L'électeur palatin était oncle de Turenne. Du haut de son château de Manheim, il fut témoin de l'incendie de ses états et entendit les cris de ses malheureux sujets qu'on égorgeait; il adressa un cartel au maréchal; il est daté du 27 juillet. Peu de jours après, Turenne repassa le Rhin et campa à Landau. L'armée impériale s'établit entre Mayence et Francfort, où elle séjourna un mois et fut rejointe par les contingents de l'empire. Le duc de Bournonville, ayant alors 35,000 hommes, s'approcha de Philippsburg; le 1er septembre il repassa le Rhin et se dirigea, par la rive droite, sur Strasbourg, dont il s'empara, le 24 septembre, à l'aide d'intelligences avec les magistrats de cette ville. Cette nouvelle déconcerta Turenne, qui remonta le Rhin et campa aux portes de Strasbourg, sa gauche à l'Ill, sa droite à des marais, le village de Wantzenau derrière lui. Le duc de Bournonville sortit de Strasbourg, campa à Saint-Blaise, la droite au Rhin, interceptant la route de Saverne. Turenne avait 25,000 hommes, les Allemands près de 40,000. Ils attendaient le grand électeur, qui était en marche avec 25,000 hommes; ce qui décida le maréchal, malgré son infériorité, à risquer une bataille. Il leva son camp à minuit, passa la rivière de Souffel, à Lampertheim, laissant Strasbourg sur la gauche;

il marcha sur trois colonnes, s'empara du bourg d'Achenheim, passa la Bruche et découvrit le camp ennemi, derrière Entzheim, ayant sa droite appuyée à un grand bois du côté de Strasbourg, et sa gauche à un petit bois de mille pas de longeur sur cinq cents de large; en avant du centre était le village d'Entzheim. L'armée française marcha toute la nuit, se mit en bataille dans la plaine, à gauche et en avant du village de Holtzheim. Le 4 octobre les deux armées se trouvèrent ainsi en présence. L'armée de Turenne avait sa droite formée par dix-sept escadrons, sous les ordres du marquis de Vaubrun; quatre escadrons de dragons étaient entremêlés de pelotons d'infanterie; dix-neuf bataillons d'infanterie étaient au centre, commandés par le lieutenant général Foucault; vingt et un escadrons de dragons ou de grosse cavalerie étaient à la gauche, également entremêlés de pelotons d'infanterie; la deuxième ligne était formée sur la droite par quatorze escadrons, sur la gauche par quinze escadrons, et au centre par sept bataillons; la cavalerie, également entremêlée de pelotons d'infanterie; en troisième ligne, le corps de réserve était de sept escadrons et de trois bataillons. La droite ennemie, commandée par le comte Caprara, était de vingt escadrons; le centre, de vingt bataillons, était sous les ordres directs du duc de Bournonville; le duc de Holstein commandait la gauche, forte de vingt et un escadrons; vingt bataillons au centre et dix-neuf escadrons à chaque aile formaient la deuxième ligne; la troisième était composée de onze bataillons au centre, vingt escadrons à la droite et vingt escadrons à la gauche.

Turenne commença l'attaque en faisant aborder le petit bois de la gauche de l'ennemi par le marquis de Boufflers avec huit escadrons de dragons à pied soutenus par une batterie. De part et d'autre, les deux armées, qui sentaient l'importance de cette position, envoyèrent successivement des renforts. Les Français enlevèrent cependant la première ligne des retranchements qu'avait fait construire le général ennemi en avant de ce bois; ils y prirent trois pièces de canon; mais ils ne purent forcer la deuxième ligne, qui était armée de huit pièces de canon. Turenne fut obligé de faire avancer le corps de réserve et six bataillons de la deuxième ligne: le carnage devint bientôt effroyable. Le deuxième retranchement fut forcé; les Allemands, chassés du bois, perdirent leurs canons. Le duc de Bournonville fit alors avancer sept bataillons de Luneburg pour reprendre le bois; Turenne, de son côté, fit avancer le reste des bataillons de la deuxième ligne, et là se renouvela le combat pour la troisième fois. Les Allemands avaient l'avantage que leur ligne de bataille était plus près du bois, et que dès lors ils étaient appuyés par leur cavalerie et leur artillerie. Turenne s'en aperçut; il fit avancer la cavalerie de sa seconde ligne pour prendre la position de celle de sa première ligne, qu'il porta en avant; enfin l'ennemi échoua et dut renoncer à la possession du bois.

Le duc de Bournonville, voyant que les efforts de Turenne s'étaient portés de ce côté, envoya Caprara avec toute la cavalerie de la droite pour se glisser entre la première et la seconde ligne française, pendant le temps que lui-même, avec sa cavalerie de la droite, la deuxième et la troisième ligne, marchait de front sur la cavalerie de la gauche de Turenne. Foucault, qui commandait le centre de la première ligne, voyant le double mouvement de l'ennemi, forma son infanterie sur deux lignes et fit marcher six bataillons en avant, soutenus par de l'artillerie; ce qui arrêta court la cavalerie que menait le duc de Bournonville. Cependant Caprara continuait son mouvement; il renversa plusieurs escadrons, tourna sur les derrières de la cavalerie de la gauche et de l'infanterie du centre. Le comte de Lorges et le comte d'Auvergne rallièrent la cavalerie de la réserve, enfoncèrent celle de Caprara et la repoussèrent; le reste se passa en canonnade. Les deux armées battirent en retraite pendant la nuit; Turenne repassa la Bruche et alla camper à Achenheim, à une lieue du champ de bataille, sur lequel il laissa vingt escadrons. Le duc de Bournonville se retira sous le canon de Strasbourg, abandonnant deux pièces de canon sur ses positions, outre les huit pièces perdues à l'attaque du bois. Les Français perdirent 2,000 hommes; la perte des Allemands fut double : plusieurs étendards, des timbales, des drapeaux, furent les trophées du vainqueur.

III. Cependant, le 7 octobre, Turenne prit une position plus en arrière et s'éloigna de trois lieues, se couvrant par la petite rivière de Mossig, couvrant Saverne et Haguenau; il occupa le château de Wasselonne, qui appartenait aux Strasbourgeois. Le 14 octobre le grand électeur passa le pont de Strasbourg avec 20,000 hommes; ce qui porta l'armée impériale à plus de 50,000 hommes. Aussitôt après cette jonction importante, le duc de Bournonville reprit son camp d'Entzheim. L'alarme fut grande en France; le roi convoqua l'arrière-ban.

Les impériaux avaient trois partis à prendre : ou livrer bataille à Turenne, ou lui couper les communications avec Saverne pour faire tomber Haguenau, ou assiéger Philippsburg. Ils ne firent rien et restèrent inactifs dans leur camp jusqu'au 18, qu'ils s'approchèrent de Turenne; il battit en retraite et campa à Dettwiller. Cette marche fut pénible, et l'ennemi aurait remporté quelque succès, si Turenne n'avait fait mettre pied à terre à une brigade de dragons à un défilé; ce qui arrêta court la cavalerie ennemie. 6,000 chevaux de l'arrière-ban, sous les ordres du marquis de Créqui, renforcèrent l'armée. Turenne fortifia son camp de Dettwiller, où il était couvert par la Zorn; sa gauche s'étendait à Hochfelden. L'ennemi cerna le petit château de Wasselonne, qui avait 150 hommes de garnison; ce siége dura un jour et demi. Le grand électeur voulait faire cette garnison prisonnière de guerre, mais elle s'y refusa et rejoignit son armée, suivant l'usage d'alors. Turenne reçut un nouveau renfort de trente-cinq escadrons et de huit bataillons; le comte de Saulx lui amenait, en outre, vingt-quatre escadrons et dix bataillons; il les fit arrêter en Lorraine. Il méditait dès lors le projet qu'il exécuta deux mois après.

Aussitôt que le grand électeur fut instruit des nombreux renforts que recevait l'armée française, il reprit son camp de Saint-Blaise sous Strasbourg. Le 20 novembre Turenne cantonna sa cavalerie à deux lieues en arrière de la Moder, et porta son quartier général à Ingwiller, communiquant avec la Lorraine par le col de la Petite-Pierre, dont il occupa le château. Il paraît que son principal but était de couvrir Haguenau, dont il craignait que l'ennemi ne s'emparât; mais celui-ci n'y songeait pas, il s'étendit dans la haute Alsace.

IV. Le 29 novembre, Turenne repassa en Lorraine et évacua entièrement l'Alsace; il porta son quartier général à Lorquin; les alliés prirent leurs quartiers d'hiver.

Le 5 décembre, Turenne fit partir le comte de Saulx, avec 14,000 hommes qu'il avait amenés de Flandre, et se mit en marche avec le reste de l'armée, longeant le pied des Vosges du côté de la Lorraine; il arriva le 27 à Belfort; son quartier général avait successivement été à Blamont, à Baccarat, à Domptail, à Padoux, à Eloyes et à Longuet, où il resta huit jours; de là il se rendit à Remiremont, qui était occupé par 400 Lorrains, qu'il en chassa. Toute cette marche resta inconnue à l'ennemi. Le 29 il porta son quartier général à Brunn, marcha sur Mulhouse, s'y rencontra avec une division de Bournonville composée d'infanterie, de bagages et de 6,000 chevaux, qui, ayant eu l'alerte, avait levé ses cantonnements et marchait sur Colmar pour rejoindre le grand électeur : il l'attaqua, la battit et la jeta sur Bâle. Le lendemain il s'empara de Brunstatt et y fit prisonnier un régiment d'infanterie de 1,000 hommes. Le grand électeur, dont le quartier général était à Colmar, avait rallié toute son armée dans cette position, la gauche à Colmar, la droite à Turckheim; sa ligne était de 3,000 toises, et son front, couvert par une petite rivière, avait été retranché. Turenne marcha à lui sur deux colonnes, avec plus de 40,000 hommes; les alliés en comptaient plus de 50,000; mais son armée, toute française, était fort supérieure en moral. Le 5 janvier le comte de Lorges, commandant la droite, se porta à la hauteur d'une église, vis-à-vis Colmar, pour attirer toute l'attention des ennemis sur leur gauche, pendant que Turenne marchait avec le lieutenant général Foucault sur Turckheim. Le combat commença une heure avant la nuit : Turckheim fut enlevé; le grand électeur fit filer ses bagages sur Schlestadt, et à minuit fit sa retraite. Le lendemain, à la pointe du jour, Turenne entra dans Colmar, où il prit 3,000 hommes malades ou traînards. Le grand électeur s'arrêta trois jours à Schlestadt; il en repartit le 11, passa le Rhin au pont de Benfeld, et rentra en Allemagne. Les Français, maîtres ainsi de toute l'Alsace, y prirent leurs quartiers d'hiver.

V. *Trentième observation.* — 1° Dans cette campagne, Turenne donne, contre son usage, plusieurs combats et une bataille; sa marche contre Caprara, en passant le Rhin à Philippsburg pour le surprendre avant sa jonction avec le duc de Bournonville, est fort belle. Caprara le croyait à quarante lieues, lorsqu'il le découvrit en bataille devant son camp; la supériorité numérique de l'infanterie l'assurait de la prise de Sinsheim et du passage du défilé. Caprara fit une faute de recevoir le combat; il devait repasser le Neckar, marcher à la rencontre du duc de Bournonville et se réunir à lui.

2° Le duc de Bournonville surprit Turenne en regagnant quelques marches sur lui; il s'empara de Strasbourg. Le ministère français avait fait une faute de ne pas ordonner l'occupation de cette place. Qu'avait-il à ménager? Presque tout l'empire était en guerre, et les mauvaises dispositions des bourgeois de Strasbourg étaient connues; la possession de cette ville était indispensable pour la sûreté de la frontière; mais Turenne devait veiller sur ce point important. Il était sur la rive gauche du Rhin, et l'ennemi sur la rive droite; il devait tenir une division près de Strasbourg, pour qu'elle pût y prévenir l'ennemi, d'autant qu'il n'existait sur toute cette frontière aucun autre point qui dût au même degré attirer sa sollicitude. Le duc de Bournonville ne le devança que de six heures.

3° A la bataille d'Entzheim, Turenne devait refuser sa gauche; ce qui eût rendu impossible la manœuvre habile qu'a faite le duc de Bournonville. Si le maréchal eût réuni à son extrême gauche toute l'infanterie qu'il dissémina mal à propos entre ses escadrons, s'il l'eût placée dans le bois avec du canon, la couvrant par quelques retranchements et des abatis, la gauche de sa cavalerie eût été appuyée : il n'aurait pas couru la chance de perdre la bataille, cela eût suppléé à son infériorité en cavalerie. La meilleure manière de protéger sa cavalerie est d'en appuyer le flanc. La méthode de mêler des pelotons d'infanterie avec la cavalerie est vicieuse; elle n'a que des inconvénients. La cavalerie cesse d'être mobile, elle est gênée dans tous ses mouvements, elle perd son impulsion, et l'infanterie est compromise; au premier mouvement de la cavalerie, elle est sans appui.

4° Si, après la prise du petit bois que l'ennemi défendait de tous ses moyens, Turenne eût poussé son avantage, la bataille eût été décisive. Il pouvait toutefois coucher sur le champ de bataille; il est allé le même jour à une lieue et demie en arrière; il a poussé dans cette occasion la circonspection jusqu'à la timidité; il savait mieux que qui que ce soit l'influence de l'opinion à la guerre.

Trente et unième observation. — Dans ce siècle, les garnisons ne tenaient une capitulation comme honorable qu'autant qu'elles obtenaient de rejoindre leurs armées avec armes et bagages, sans être prisonnières de guerre. La petite garnison du château de Wasselonne, quoique de 150 hommes seulement, eut raison d'exiger de rentrer à son armée, et le grand électeur gagna de le lui accorder, puisque la possession de ce château, qu'elle pouvait tenir encore deux ou trois jours, lui était avantageuse. Cet usage pourra se renouveler lorsque les commandants de place le voudront; il n'est pas un général qui ne laisse sortir une garnison fatiguée, ruinée, pour s'épargner un assaut, une attaque de barricades et de rues; mais il faut que la garnison ait donné une bonne opinion de sa résolution et de son dévouement.

Trente-deuxième observation. — Lorsque, à la fin de novembre, les ennemis apprirent que Turenne avait reçu de grands renforts, ils reprirent leur camp sous Strasbourg. S'il eût marché à eux après l'arrivée des détachements de Flandre, ils auraient repassé le Rhin. Leur armée était composée de contingents commandés par les princes mêmes à qui appartenaient les troupes; ils n'avaient aucun intérêt à les compromettre : ils auraient refusé la bataille. Les hostilités ayant cessé en Flandre, dans le Luxembourg, l'opinion des renforts qu'avait reçus Turenne pouvait être aussi forte qu'il eût voulu la répandre; ils l'étaient d'ailleurs beaucoup; le grand électeur ne se fût donc pas commis, pour garder l'Alsace, qui lui importait peu, contre une armée égale à la sienne.

Trente-troisième observation. — C'est le 27 décembre que Turenne est arrivé à Belfort, et c'est le 5 janvier qu'il a livré le combat de Turckheim, ce qui fait neuf jours; c'est six trop tard. Il y a de Belfort à Colmar quatorze lieues. Les cantonnements une fois réunis à Belfort, la manœuvre était démasquée, il n'y avait plus une heure à perdre. Si Turenne eût marché avec plus de rapidité, il eût obtenu de grands résultats; tous les quartiers de l'ennemi ont eu le temps de se rallier, de sorte qu'au camp de Colmar il a trouvé toute l'armée réunie; il eût dû prévenir leur réunion. Tout le génie de cette opération consistait à arriver sur le pont de Strasbourg avant que l'armée fût ralliée; Turenne la manqua. Une pareille manœuvre aurait été féconde en grands résultats et d'un succès certain. Si, au lieu de déboucher par Belfort, c'est-à-dire par l'extrémité des Vosges, Turenne eût débouché par le milieu des Vosges, droit sur Colmar et Strasbourg, il fût arrivé avant que les cantonnements se fussent ralliés. Il a dans cette occasion montré plus de talent dans la conception de ce beau plan que dans son exécution.

Trente-quatrième observation. — Le grand électeur aurait dû livrer bataille à Colmar; il était dans une excellente position, toute son armée était ralliée et sa retraite assurée sur Strasbourg. La possession de l'Alsace valait sans doute bien une bataille, mais non pas pour lui ni pour les princes du nord de l'Allemagne; les risques qu'ils auraient courus et les pertes qu'ils auraient éprouvées en acceptant la bataille n'étaient compensés par rien. Les Prussiens étaient à la tête du parti protestant, ennemi de l'Autriche, qui était fort pauvre. L'année suivante, lorsque Montecuccoli vint pour entrer en Alsace avec l'armée impériale, il le dit positivement dans sa proclamation aux Alsaciens, pour établir la différence qui existait entre l'armée qu'il commandait et celle du grand électeur.

CHAPITRE XVIII.

CAMPAGNE DE 1675.

I. Le maréchal de Turenne est tué d'un boulet de canon à Sasbach. — II. Observation.

I. Le roi mit cette année six armées sur pied. Le prince de Condé commandait en Flandre, et Turenne en Allemagne; son armée était de 25,000 hommes. Montecuccoli commandait l'armée ennemie; il avait ordre de réduire l'Alsace et de réparer la pusillanimité qu'avait montrée le grand électeur l'année précédente. Il avait des intelligences dans Strasbourg, dont les magistrats lui étaient dévoués. Le 27 mars Turenne campa sous les murs de cette place, afin d'imposer à la bourgeoisie. Montecuccoli se mit en opération, descendit le Rhin par la rive droite, publia qu'il allait assiéger Philippsburg, mais jeta un pont à Spire et passa sur la rive gauche. Turenne, négligeant cette initiative du général ennemi, passa lui-même sur la rive droite. Il fit à cet effet jeter un pont à Ottenheim, à quatre lieues plus haut que Strasbourg, et se porta sur la Kinzig; il campa à Willstedt, la droite à ce village et à la Kinzig, et la gauche à Eckartsweier, au ruisseau de Schutter, couvrant ainsi Strasbourg, dont il était à deux lieues, et son pont d'Ottenheim, dont il était à quatre lieues, et où il avait construit une tête de pont qu'il gardait par plusieurs bataillons. Après quelques jours d'hésitation, Montecuccoli fut obligé d'obéir au mouvement de Turenne; il repassa sur la rive droite, prolongea sa gauche le long de la Kinzig, son aile gauche étant éloignée d'une lieue et demie du camp français. Montecuccoli, dont l'armée était un peu plus nombreuse que l'armée française, menaçait, par la position qu'il avait prise, le pont d'Ottenheim; il continua son mouvement, il marcha sur l'abbaye de Schuttern, étendant sa gauche jusqu'à Lahr. Il voulait, en menaçant le pont d'Ottenheim, obliger Turenne à repasser le Rhin ou à découvrir Strasbourg. La position du maréchal était assez compliquée; il avait à la fois à défendre son pont d'Ottenheim et celui de Strasbourg : s'il quittait son camp de Willstedt, Montecuccoli entrait dans Strasbourg et y passait le Rhin; cependant, s'il ne persistait pas à occuper Willstedt, son pont d'Ottenheim et sa retraite étaient compromis. Il détacha le comte de Lorges avec une division pour prendre position à Altenheim, à mi-chemin du camp d'Ottenheim. Ce mouvement dissémina ses forces; il le sentit, et, le 22 juin, il leva son pont et le descendit vis-à-vis Altenheim, où il ne se trouvait plus qu'à deux lieues de Strasbourg, et dès lors était plus facile à défendre. Montecuccoli désespéra alors de réussir dans son plan; il changea de batterie, il retourna à son camp d'Offenburg, et, le 28, se porta à Urloffen, menaçant de surprendre Strasbourg; Turenne se porta aussitôt à Bodersweier. Montecuccoli renonça de nouveau à surprendre le pont de Turenne ou celui de Strasbourg; il commanda un pont de bateaux aux magistrats de Strasbourg et des munitions de guerre; il descendit le Rhin avec son armée et campa dans la plaine de Scherzheim, espérant y recevoir le convoi de Strasbourg. Turenne le suivit et campa dans la plaine de Freistett, s'appuyant au Rhin. Il se trouvait, par cette position, placé entre Strasbourg et l'ennemi; mais le Rhin est fort large en cet endroit et couvert d'une grande quantité d'îles; il était à craindre que Montecuccoli reçût son pont et son convoi. Ces îles sont effectivement en grand nombre vis-à-vis Wantzenau, mais il n'y a que trois courants propres à la navigation. Turenne fit faire une estacade, occuper les îles et construire plusieurs redoutes armées de grosse artillerie; ce qui ôta toute espérance à Montecuccoli de recevoir son pont et son convoi. Cependant Turenne était dans une position pénible; la saison étant très-pluvieuse et les eaux du Rhin très-hautes, son camp était marécageux et malsain; celui des Allemands, au contraire, était parfaitement placé; ils tiraient une grande partie de leurs vivres d'Offenburg. Le 15 juillet Turenne se mit en marche, passa la Rench à un gué peu connu, coupa Montecuccoli d'Offenburg et même d'avec Caprara, ce qui obligea Montecuccoli à lever son camp et à se porter derrière Sasbach, couvert par un petit ruisseau, pour y faire sa jonction avec Caprara. Turenne suivit son mouvement, campa vis-à-vis Sasbach et se proposait de l'attaquer, lorsque, le 27 juillet, un coup de canon termina la vie de ce grand homme. Après sa mort, les lieutenants de Lorges et de Vaubrun commandèrent l'armée, et ne furent pas d'accord : l'un voulait se retirer sur le pont d'Altenheim, l'autre sur le camp de Willstedt; mais enfin ils se décidèrent à jeter à l'eau les farines réunies à Willstedt et se retirèrent sur Altenheim. Les Impériaux les suivirent et les attaquèrent; le combat fut long et opiniâtre; le champ de bataille resta aux Français, qui perdirent 3,000 hommes; l'ennemi en perdit 5,000; mais, dès le lendemain, l'armée repassa sur la rive gauche du Rhin.

II. *Trente-cinquième observation.* — 1° Cette campagne a duré deux mois, tout l'avantage a été pour Turenne. Montecuccoli voulait porter la guerre en Alsace par le pont de Strasbourg, dont les habitants lui étaient vendus. Turenne voulait garantir l'Alsace qu'il avait conquise la campagne précédente, et obliger Montecuccoli à repasser la forêt Noire. Quand il fut tué, Montecuccoli repassait les montagnes : Turenne a donc triomphé.

2° Montecuccoli prit l'initiative, passa sur la rive gauche du Rhin pour y porter la guerre. Turenne resta insensible à cette initiative; il la prit lui-même, passa le Rhin et obligea Montecuccoli à revenir sur la rive droite. Cette première victoire de la campagne était réelle.

3° Le maréchal se campa à Willstedt, couvrant Strasbourg, qui était à deux lieues derrière son camp, et son pont d'Ottenheim, qui était à quatre lieues sur la droite. Montecuccoli se plaça derrière la Kinzig, à une lieue et demie de l'armée française, appuyé à la place d'Offenburg, où il avait garnison. La position de Turenne était mauvaise; il devait plutôt livrer bataille que de s'exposer à perdre le pont d'Ottenheim et sa retraite, ou le pont de Strasbourg.

4° Si Montecuccoli eût voulu se porter en six heures de nuit tout d'un trait sur Ottenheim, prenant sa ligne d'opération sur Fribourg, il eût forcé le pont d'Ottenheim avant que toute l'armée de Turenne eût pu le couvrir. Cependant il n'en fit rien; il tâtonna, se contenta de se prolonger; il crut que des manœuvres seraient suffisantes pour décider Turenne à abandonner son camp de Willstedt et à découvrir Strasbourg. Turenne le pénétra; il se contenta de prolonger sa droite près d'Ottenheim, ce qui rendit sa position fort mauvaise.

5° Il le comprit enfin; il compromettait son armée; il leva son pont d'Ottenheim, qu'il rapprocha de deux lieues de Strasbourg et de son camp de Willstedt; il le plaça à Altenheim. C'était encore trop loin de Strasbourg; il fallait le jeter à une lieue de cette ville. Ce grand capitaine fit dans cette campagne la faute d'établir son pont à quatre lieues de Strasbourg, et plus tard, lorsqu'il le leva, il fit celle de ne le rapprocher que de deux lieues.

6° Cependant Montecuccoli change de projet, et, résolu de passer le Rhin au-dessous de Strasbourg, il commande un équipage de pont dans cette ville, et se porte à Scherzheim pour le recevoir. Turenne prit position à Freistett, occupa les îles, fit faire une estacade; les projets de son ennemi furent encore déjoués.

7° Montecuccoli devait, lorsqu'il laissa pendant trois jours son adversaire jeter un pont, élever des retranchements sur la Rench. Si près de son camp, il se laissa couper d'avec le corps de Caprara et d'avec Offenburg. Turenne l'avait obligé à quitter la vallée du Rhin, lorsqu'un boulet tua ce grand homme.

8° Turenne se montra dans cette campagne incomparablement supérieur à Montecuccoli : 1° en l'obligeant à suivre son initiative; 2° en l'empêchant d'entrer dans Strasbourg; 3° en interceptant le pont de Strasbourg; 4° en coupant sur la Rench l'armée ennemie; mais il fit une faute qui eût pu entraîner la ruine de son armée, s'il eût eu affaire au prince de Condé : ce fut de jeter son pont à quatre lieues au-dessus de Strasbourg, au lieu de le placer seulement à une lieue de cette ville.

www.ingramcontent.com/pod-product-compliance
Lightning Source LLC
LaVergne TN
LVHW050609090426
835512LV00008B/1411